Chiemgau – abseits vom Weg

Chiemgau-Autoren e. V

© 2022 Chiemgau-Autoren e. V.

Layout: Reinhold Schneider

Coverfoto und Covergestaltung: Reinhold Schneider

Redaktion: Brigitte Geretschläger

Herstellung und Verlag: BoD – Books on Demand GmbH., Norderstedt

Gedruckt in Deutschland

Bibliografische Information der Deutschen Nationalbibliothek:

Die Deutsche Nationalbibliothek verzeichnet diese Publikation in der Deutschen

Nationalbibliografie; detaillierte bibliografische Daten sind im Internet unter

http://dnb.dnb.de abrufbar.

ISBN: 9783756837847

Das Coverfoto zeigt einen Teil des Moorerlebniswegs in der Kendlmühlfilzen bei Grassau, einem renaturierten Hochmoor und ehemaligen Torfabbaugebiet, der an dieser Stelle entlang eines stillgelegten Bahngleises führt. Auf diesen Gleisen wurde früher der Torf zum Torfbahnhof (heute Museum Torfbahnhof) an der Bahnstrecke München – Salzburg transportiert. Der Weg verbindet auch das Museum Torfbahnhof mit dem Museum Salz & Moor an der B 305.

Chiemgau – abseits vom Weg

Herausgeber:

Chiemgau-Autoren e. V.

Inhaltsverzeichnis

Vorwort

Liebe Leserin, lieber Leser,

eine Pandemie hat die Welt seit dem Frühjahr 2020 vor große Herausforderungen gestellt. Egal, an welchen Platz das Leben die Menschen gestellt hat: Alle erlebten Einschränkungen, Ängste, Veränderungen, neue Konstellationen, aber auch viel Rücksicht, Neuorientierung und individuelle Kräfte. Der Blick änderte sich: Wir waren auf uns selbst gestellt, auf unsere eigene Kraft, auf die nähere Umgebung, auf das, was uns direkt betrifft und umgibt.

So kam es, dass sich auch die Chiemgau-Autorinnen und -Autoren mit dem befassten, was vor ihren Füßen liegt und das sie mit neuem Interesse betrachten wollten. Das Thema „Chiemgau – abseits vom Weg" lenkte den Blick auf die Region um uns herum – und immer wieder auch aufs eigene Ich. So konnte manches neu entdeckt werden. Und so entstand in guter Zusammenarbeit der Autor/inn/en diese literarische Gemeinschaftsleistung des Vereins, dessen Mitglieder miteinander verbunden sind durch die Freude an der Ausdruckskraft der Sprache.

Wir freuen uns, dass wir mit diesem Band unsere Anthologie-Reihe der Chiemgau-Autoren heuer mit dem vorliegenden fünften Band fortsetzen können. Jedes Jahr legen wir ein gemeinsames Textprojekt gedruckt vor:
- Band 1 „Trotz.Kollaps.Schreiben" 2018,
- Band 2 „Das Salz in der Suppe – sind wir!" 2019,

- Band 3 „Lesen für den Frieden" 2020,
- Band 4 „Zwischenräume" 2021,
- Band 5 „Chiemgau – abseits vom Weg" 2022.

28 Autorinnen und Autoren schrieben für dieses Buch 43 neue Gedichte, Kurzgeschichten und Reflexionen, die wir auf die folgenden Kapitel aufgeteilt haben:

Auf Bergen und Hügeln

An Flüssen und Seen

Unterwegs zwischen Berg und Tal

An Ort und Stelle

Und auf eine Besonderheit dieses Buches möchte ich Sie noch extra hinweisen: Wir bieten Ihnen hier eine Kettendichtung („Renga") an, das in vielen Fünfzeilern – jeweils von verschiedenen Autor/inn/en geschrieben – ganz unterschiedliche Eindrücke in *einem* langen Text versteckt. Dieses Lyrikformat enthält die japanische Kurzform des „Tanka", also eines zweigliedrigen Gedichts, das aus einem Dreizeiler (Haiku), verbunden mit einem Zweizeiler (Matsuku) besteht. Wer ein Tanka beitragen wollte, schloss seinen Text an die zuletzt geschriebenen Zeilen an. Eine feine Gemeinschaftsarbeit also. Schauen Sie sich das Kettengedicht einmal an. Finden Sie die Anschlusswörter und Zusammenhänge?

Uta Grabmüller, 1. Vorsitzende, September 2022

Auf Bergen und Hügeln

Halt

Uta Grabmüller

gewaltigen kräften standhalten
der zeit widerstehen
sich dem druck widersetzen
massiver gewalt begegnen
widerstand leisten
ruhe und stabilität bewahren
ausdauer zeigen

osterbuchberg und westerbuchberg

vor der kette der chiemgauer alpen hielten sie stand dem tiroler-achen-gletscher
der durch die marquartsteiner enge sich zwängte
und schmelzend seiner auflösung entgegen drängte
vor zehntausend jahren trotzten sie der wuchtigen eismasse mit starkem gestein
heute noch ragen sandstein und konglomerate der beiden bergkuppen
aus der chiemsee-ebene heraus

osterbuchberg und westerbuchberg

es ist frühlingsanfang
ich sitze
in wärmender märzsonne auf einer bank am hang dieses dickköpfigen felsriegels
mein blick geht nach süden ins achental
ich sehe hochgern hochplatte und wilden kaiser
ich denke nach
ich denke nach über widerstand und halt und gelassenheit

Engelstoa

Gustl Lex

In Bergn rechter Hand, kurz vor der Maxhüttn, führt a kloans steils Straßl auffe an Pattenberg und von dort weiter zum Engelstoa, - a 30 Meter hoher Fels mit den Umrissen einer Frauengestalt.

Früher, vor undenklichen Zeiten, hört ma sagn, soll statt dem Felsen auf der großen Wiesen a Schloß gstanden sei, in dem drei edele Fräulein, de Engela, de Hatzige und de Willibirga gwohnt ham.

Wunderschö warns, aber liaderliche Fluggan, herrisch, stolz, leichtlebig und bremsig. Grad hinter de Manner her und weils da nia nix obrenna ham lassen, hat mas grad de drei wuiden Fräulein ghoaßen.

Schnell nachanand sans gstorbn und weils so unguat warn, werd verzählt, hams koa Ruah kriagt. Als Weiz hams umgeh müaßn, als Geister und da warns dann no boshafter wia scho zu Lebzeiten.

Nach dem eahna Schloß verfalln is, hams drobn in de Felsen und Höhlen ghaust. Wem sie da obn troffa ham, is von eah sekkiert worn, wars a Mensch oder a Viech, aber bsonders auf de junga Manner hams es abgsehng.

So is neamad mehr gern auffe ganga zu der Bauernarbat, vor lauter Fürchtn.

Da heirat a junger fescher Bursch nach Bergn und weil er koa Angst hat, geht er mit Hack und Sansen auffe zu seine Wiesen.

Zerst macht er im Jungwald no a weng a Brennholz, dann fangt er zum Maahn o.

Als er nach Stunden fertig is, sitzt er sich zur Brotzeit. Da kimmt a wunderschöns Weiberleit des Wegs, des er net kennt. Es is de Engela, de in wuider, gieriger Leidenschaft nach eahm liachterloh brennt. Gschmaach schautsn o, tuat freundlich, wanzt sich glei zu eahm zuabe und so glegn schmaatzts, wia schö dass waar, wenn er doch heut Nacht bei ihra bleibat.

Net, dass eahm de sauberne Gsellin net gfalln hät, aber er bleibt standhaft und sagt ihra, dass des net geht, weil er doch a liabs, bravs Weiberl und a kloans netts Buberl dahoam hat.

Tiaf beleidigt is de Engela, aber sie zoagts net, sondern gibt eahm ihran wertvollen goldnen Gürtl und sagt scheinheilig und zuckersüaß: „Des is aber schö! Schau da hast a Gschenk für dei Frau. Wennst morgn Aufnacht kimmst, kriagst ah no a schöns Weisat für dein kloan Buam!“

Voller Freud über des noble Gschenk verspricht er ihra hoch und heilig, dass er am nächsten Tag wieder kimmt, und macht sich aufn Weg hoamzua.

Da fallt eahm sei Brennholz ei, und weil eahm da Gürtl im Weg is, bindt er'n kurzerhand um an Baam.

Grad wia er si sei Holz auf d' Achsel legt, krachts hinter eahm gewaltig und der Baam is grad, wo der Gürtel war, absprengt.

Jetzt hat ers gwisst, was des wuide Fräulein Engela mit seiner Frau vorghabt hat, und nia wieder is er auffe zu seiner Wiesen.

Aber de Engela hat von da o jeden Aufdnacht voll Verlangen gwart, gwart, dass der junge schöne Bauer kimmt und ihra begehrlichs Feuer löscht.

Über de vuin Jahr voller Sehnsucht is ihra Herz zu Stoa worn, erzählt de Fama, bis sie zum Schluss aus verblendeter Leidenschaft ganz zur versteinerten Säule erstarrt is.

So steht die Engela als Engelstoa seit tausenden von Jahren unterm Hochfelln, bis zum „tausendjährigen Reich", des ihr bald zum Verhängnis worn waar, und des is jetzt koa Sage.

Im Jahr 1940 wars, als im November der Reichsminister und Generalinspekteur für den Straßenbau Dr. Fritz Todt den Befehl ausgebn hat, den Engelstoa zum sprenga.

Aus dem Stoa der schönen Engela solltn Platten gschnittn wern, um de vuin neuen Autobahnbrucken und de Tribünen vom Reichsparteitaggelände in Nürnberg verschönernd zu verkleiden.

Obwohl de Alpenvereinsektion Traunstein sturmlafft und energisch dagegen protestiert, is nix zum macha.

Trotz der Proteste wern de großen Bohrmaschinen für de Sprengung aufn Pattenberg bracht.

Da fahrt im letzten Augenblick, im Frühjahr 1941, a einflussreiche, bergbegeisterte Person nach Berchtesgaden ins Hauptamt für Autobahnangelegenheiten und legt Fürsprach für den Engelstoa ei.

Was koaner für möglich halt, der Bsuach hat Erfolg. Der Befehl werd von höchster Stell revidiert und s Sprengkommando vom Pattenberg abzogn.

Nachn Kriag wird da Engelstoa unter Naturschutz gstellt, scho a desweng, daß a nachfolgende Generationen am Beispiel von der wuiden Engela sehng, wohin falsche Leidenschaft führen konn.

Am Feierstoa

Irmelind Klüglein

Ganz in der Fruah bin i a Wegerl ganga,
bin über a schmals Steigerl gstiegn.
Hab` d`Sonn in meine Haar eingfanga,
bin ganz alloanig bliebn.

Hat mir a Monkei pfiff`n,
hab zu eam umma gsehn,
hab in die Felsen griffn,
bin in da Wiesn gleng.

Sitz etz am Feierstoa,
ganz staad und ganz alloa,
da kimmt a große Ruah,
nimmt mi mitsamt die Schuah,

tragt mi recht weit, weit fort,
an oan ganz andern Ort,
an Ort, den koana kennt,
er liegt in Gottes Händ.

Wollt`s wissen, wo i bin?
Im Gipfelbuch am Silleck,
da stehts drin.

Zu den Hütten am Hochgern

Reinhold Schneider

So war der Tag auch das geworden,
was er verheißen in der Früh,
und auch die andren Wanderhorden,
sie machten uns kein bisschen Müh.

Am Wanderparkplatz unter Bäumen,
in Unterwössen, am Hochgern,
da fing sie an, die Tour zum Träumen,
die Gipfel waren da noch fern.

Und auch der Kaffee auf die Stund,
nach dem ich hatte ein Verlangen,
dass er nicht war nach meinem Mund,
machte die Stimmung nicht verhangen.

So stürmten wir, leicht und gelassen,
bergauf, das Ziel gar fest im Blick,
und sahen an der Wandrer Massen,
es winkte jetzt das Einkehrglück.

Die Moaralm-Würstel ohne Brot,
dekorativ die Käsejausen,
sie stillten doch die erste Not,
und ließen uns zufrieden schmausen.

Das Hochgernhaus, so nach ner Stund,
mit Kaffee und mit Streuselkuchen,
machte die Einkehr dann noch rund,
Entspannung mussten wir nicht suchen.

Sie kam zu uns und ließ uns schauen,
hinab ins Tal und dann zurück,
doch konnten wir darauf vertrauen,
dass es uns bliebe, dieses Glück?

So ging's zur Moaralm dann zurück,
zur kleinsten Hütte von den Vieren,
um zu verlängern unser Glück
und um es heut nicht zu verlieren.

Wir tranken noch ein Gläschen Wein,
die andren Gäste gingen fort,
und saßen dann zu zweit allein,
an diesem wunderschönen Ort.

Der Tag neigte dem Ende zu,
ein letzter Schluck, wir mussten gehn,
die Dämm'rung kam, und auch die Ruh,
die Wege war'n kaum noch zu sehn.

Das nächtlich Tal hieß uns willkommen,
vom schönen Tag noch ganz erfüllt
war'n wir, vom Weine noch benommen,
von Abendstimmung eingehüllt.

Das war ein schöner Wandertag,
entspannt, zu zwei'n und mit Genuss,
genau so schön wie ich es mag,
und dies ist des Gedichtes Schluss.

Wö wos wechset

Ingeborg Schmid

Des hobet leicht lochn! Wenn ih des war, wenn ih redat wia des, oftr denkat ih gewiss nit longe noch und hat schöen nacht gewescht, wos schreibn:
A scheas, a feins, a schmolzigs Gedichtle ibrn Rauschberg und enkrigen Oimarausch. Mei, wia nett, Barge und Bliamlen – Jo, sall mign di Leite. Und oftr passets öh nöh sö guat, Rausch und Rausch. Sall mign se öh olm gearn, di Leite. Und a weag Oimarisch, wegnen Oimarausch. Olles scheane, olles gemiatlach.

Obr sall nutzet mir nuicht. I konn sall jo gor nit schreibn, weil man ban ins jo gor nit Oimarausch set. Ban ins hoaßn dia Dings, dia Rhödödendrön söundsö nämlach Bsunterlen. Hö, do schaugets. Ebn, Bsunterlen. Nuicht mit Oima und Rausch und asö. Und sellat ih oftr eppan nöh gröaß vön Rauschberg schreibm und di Bsunterlen? Koa Mensch tat sall vrschteahn. Weil s öh nit passat! Wöbei, passn tat s natirlach schöen öh a weag, irgndwia, weil, wenn di Oimarausch det wochsn, oftr wochsatn di Bsunterlen det wöll öh. Wenn se ibrhaupt det wochsn, dia Rhödödendrön söundsö, ih wescht s eppan gor nit. Obr sall frogat jo gor koar, wennde vö di Oimarausch schreibasch. Weil s ba di Oimarausch gor nit ums Wochsn gang. Weil s jo glongat, dass es klinget. Und ba di Bsunterlen? Jo, det wöll, det schaugatn se glei olle gonz genau, ob dia det öh wochsn, ban Rauschberg. Weil s koar vrschtand, wörum ih vö di Bsunterlen und vön Rauschberg schreib, wenn se det jo gor nit wochsn.

Na, vön sam hea geaht sall gor nit. Und weil s jo öh gor nit klinget. Bsunterlen! Sall kannschte am eandeschten mitn Unternberg zomm tean, rein vom Klingen hea, moan ih. Bsunterlen, Unternberg, wöll, vom Klingen hea gang dos wöll. Lei, det zeich ih, vrschtandn se oftr wiedr nit glei, wörum ih aggrat in Unternberg nahm, wenn in Unternberg jo gor koa Rausch drin ischt. Wegnen Rausch miassat ih det eandr vön Underberg schreibn, im sam, sogn se, warn Kreitlan, Wossr und nöh eppas firn Rausch drin. Obr ummen sam geaht s nit, iatz geaht s ummen Unternberg, ummen Barg, und det schtimmet s wöll, dass koa Rausch drin ischt. Obr des miaßet öh inseahn, dass ih, wenn ih koan Oimarausch hon, obr Bsunterlen, gor koan Rausch brauch.

Und vön samm hea glonget dr Unternberg leicht, fir mih.

Von Blumen und Bergen. Dialektal-botanische Erkundungen um Ruhpolding

Hinweis 1:   Rauschberg   mehrgipfeliger Gebirgsstock in den
                                                      Chiemgauer Alpen

Hinweis 2:   Unternberg   Ruhpoldinger Hausberg

Hinweis 3:   Rhododendron ferrugineum   Rostblättrige Alpenrose. Im Alpenraum, ebenso wie die Bewimperte Alpenrose, auch Almrose genannt bzw. Almrausch, auf bairisch Alma- / Oimarausch, in Ötztaler Mundart Bsunterlen

Die Leiden eines Bären

Wolfgang Rendl

Blödes Querwaldeinwandern, eigentlich ein sinnloses Hobby! Bruno wischte sich mit seinen Pranken unwillig die schweißtriefende Stirn ab. Sein Münchner Großstadtdschungel war nichts im Vergleich zu diesem Chiemgauer Voralpenland. Da schon wieder eine Baumwurzel, über die er stolperte! „Schatz, ich seh´ zwar noch nichts, aber man kann sicher bald die Kirchturmspitze erkennen", quietschte es unweit neben ihm. „Das sagst du schon seit Stunden!", brummte er nur in sich hinein. Sie fühlte, dass es an der Zeit war, ihren Bären zu beruhigen. Die Wanderkarte hatte ja sie schließlich vergessen. Schnaufend stolperten sie voran. „Weißt du übrigens, dass es gerade hier in der Gegend den letzten Braunbären in Bayern gab?" „Ah so", brummelte Bruno mit kaum unterdrücktem Desinteresse. „Und was wurde aus diesem Bären?" „Leider erschossen, 1835 bei Ruhpolding!" Das hatte er schon geahnt. Kein Grund für eine bessere Stimmung! Und dann knurrte noch zunehmend sein Magen. Warum hatte er auch nur so wenig Proviant mitgenommen! Also irgendwo von Ruhpolding aus waren sie gestartet. Seine Freundin hatte sich das Ziel ausgesucht: Maria Eck. Ein Wallfahrtsort, typisch für sie! Aber wenn sie das eben brauchte.

Da quietschte sie weiter: „Übrigens wird Maria Eck von Minoriten bewohnt." „Na und?" Was ging ihn das an? Klang irgendwie nach Marsianer. Jedes Mal, wenn sie kurz irgendwo innehielten und ihr Keuchen nachließ, brachte sie wieder etwas hervor: „Vor vielen Jahrhunderten waren es Holzfäller, die hier in der Gegend am nächtlichen Himmel drei Lichter sahen und daraufhin eine Kapelle errichteten." „Na und?", brummte Bruno nur. Besser, ihnen würde hier einmal ein Licht aufgehen, dass sie endlich Orientierung hätten. Einige Minuten später wieder ihr Belehrungsintervall: „Und dann gab es wieder zwei Lichter zu sehen, denn es fehlten noch zwei Altäre." „Na und?" Dann wieder: „Und 1636 wurde dann die heutige Wallfahrtskirche errichtet, mit einer Gastwirtschaft in der Nähe." „Na und?" Was half die beste Wirtschaft, wenn sie in schier unerreichbarer Ferne stand? Dann schon wieder: „Und 1806 sollte die schöne Kirche abgerissen werden, aber die Einheimischen haben sie grimmig verteidigt." „Na und?" Und dann die Krönung: Sie hielt inne und schlug vor, sie sollten doch einfach einmal um den richtigen Weg beten. Um seine Ruhe zu haben, brummelte er etwas ihm selbst Unverständliches in ihren Sopran mit.

Es dauerte keine Minute, als sie den gesuchten Kirchturm unweit erblickten. „So ein Kitsch!", dachte sich Bruno." Gott hat wohl etwas von einem Drehbuchautor an sich, wenn es ihn gibt!" Noch ein „Hollywood!" brummte er vor sich hin, was aber von ihrem Jauchzen übertönt wurde. Wenigstens die letzten Meter schmerzten die Füße nicht mehr. Gleich zum Gasthof! Die dortigen Schweinsbacken kamen Bruno wie eine himmlische Offenbarung vor. Danach das lästige Gnadenbild, so kitschig! Denn diese Maria sah vom Gesicht her wie seine Maria aus. Also doch ein Drehbuchautor!

Trau dich, lieber Bauer

Hans Peter Kreuzer

Da oid Simmal-Bauer vo Lenzenöd war ned alloa, aber gfuilt hod a si alloa. Do war koa Liab mehr zwischen eam und seina Lies. Gnörgld hods d`ganz Zeit und gschimpft: „Oiwei hocksd` bloss rum, oida Nixnutz! Am End` wachsd no fest auf deine Oarschbacka." Seachane Beleidigungen hod si da Simmal vo Frua bis Spat ohearn miassn. Dabei wara do scho haude gnua beinand, seit eam vorletzts Johr drobn bei Soilach im Holz a Baam ins Kreiz gfoin is. Zwoa Dog vor seim 60sten is `s gschäng. Drauf hod a bloß no hatschn kena. Aus wars mid da Arwad am Hof, auf dem scho sei Vadda und da Großvadda Bauer gwen san. S`Viech war vakafft und s`Land an d`Nachbarn vapacht. Vorbei wars a midm Berggeh und aus wars midm Stammtisch beim Maurerwirt drent in Grainbach. Dahoam hod a rumhocka miassn.

A Lebn, wia da Simmal si `s auf seine oidn Dog gwünscht häd, war des ned. Wiara wiedaramoi in da Fruah in seina Zeitung bladld hod, is eam a kloans Inserat aufgfoilln. Ganz warm is `s eam wordn, wiara `s glesn hod:

„Hannes 54 J. sucht 60-80jähr. Seniorbauern, schlank, ohne Bart, für Freundschaft und mehr. Trau dich, lieber Bauer. Ruf mich an unter ..." Es war a Traunstoana Nummer.

Glei a paar moi hod da Simmal des Inserat glesn, so guad hods eam gfoilln. Aufamoi war do wieda des gfeide Gfui, des a scho ois a Bua ghabt hod, wia a in da Schui nebam Kotzbauer Franzl gesessn is. Do hod oina dem andan ins Hosntürl neiglangt. Da Lehra hod gor ned gspannt, wos de zwoa Buam unter da Bank triebn hom. Grod gwundert hod a si, warum s` `n mit so glosige Augn ogschaugt hobn.

„A wengal a Liab dad a auf meine oidn Dog ned schodn", hod si da Simmal denkt, und wia a paar Dog drauf d`Lies nach Törwang zum Eikaffa gfahrn is, hod a am Telefon in da Kuche de Nummer gweahlt, de a glesn ghabt hod. Es war a glei oina dro.

„Hallo, ich bin es, der Hannes. Wer bist Du?" „Auwäh a Preiss", hod si da Simmal denkt und fast häda wieda eighängt, awa da Ander war z`schnea.

„Darf ich raten? Du suchst den Freund, der dich versteht. Stimmts?"
Da Simmal hod üwalegt, wos a sogn soilltad. Da Ander hod des guad vasteh kena.

„Lass dir nur Zeit, mein Lieber, ich kann fühlen, wie schwer es dir gefallen ist, mich anzurufen".
Am Simmal is glei d`Sprach wegbliebn. So schee hod scho lang koana mehr mid eam gredt ghabt. Diaf hoda durchgschnauft, bevor a`s endli sogn hod kena:

„Kannt sei, dass i der bin, densd suachsd. Bart hob i koan, fett bin i ned und an guadn Freind kannt i a braucha." Mehr hod da Simmal ned sogn miassn. Wos sonst no z`redn war, hod da Ander gredt.

D` Woch drauf, wia d`Lies wieda beim Eikaffa war, is am Simmal sei Bsuach nach Lenzenöd raufkema. Da Simmal hod glaabt, er siehgt ned gscheid. Der wo do zur Haustür gschwanzld is, hod pfeigrod so ausgschaugt wia da Alfred Biolek. Dem sei Kochsendung hod da Simmal oiwei gern gsäng. Jetzt war a fast leibhaftig do herobn. Ozogn war a freile a weng gspassig mid dera gsticktn Ledahosn, dem rosafarbenen Jancka und seim zwoa Nummern z`kloanan Huat auf da Glatzn. No bevor da Simmal „Griaß God" sogn hod kena, hod si da Ander scho neba eam auf da Hausbank broad gmacht. Richtig aufdraht war a und so nah higruckt is a zum Simmal, dass dem ganz anders wordn is. Gwundert hod si da Simmal a über des gschreckte Gschau vo dem Pseudo-Bio und wiara d` Hand vadraht hod, ois wia wann as wegschmeissn woilltad.

Drauf hoda an Simmal ganz gspassig ogschaugt und an Stöhna loslassn, wia beim Vakostn vo am Brunello-Rotwein nachm zehntn Zutzla. „Du musst der Simmerl sein, stimmt´s?" Wieda hoda gstöhnt. „Ich bin der Hannes!" Wieda a Stöhna. „Ich hoffe, du magst meinen Namen." Da Simmal is mit aufgrissene Augn danebn ghockt und hod auf den nächstn Stöhna gwart. Dabei san eam de fest zsammpresstn Knia vo dem Andern aufgfoilln. „Ja gibt's denn des a?" hod a si denkt. „Bin i grod in am Bully-Herbig-Film? So a komischa Vogl hod si ja no

nia zu mir rauf nach Lenzenöd vaflogn." Währnd da Simmal no mittn im Nochdenga war, hod da Ander frisch weida zwitschat und gstöhnt. „Das ist ja traumhaft schön bei dir hier oben! Ach, ich liebe den Frühling! Ist es nicht die schönste Jahreszeit?" Drauf hoda wieda gstöhnt. Da Simmal häd eigentlich bloß oiwei „Ja" sogn braucha, awa er is oafach ned zum Redn kema. „Des werd nix, des werd nix!" hod a si denkt. Und wia da Ander si no weida neigsteigert und ogfangt hod: „Vom Eise befreit sind Strom und Bäche / Durch des Frühlings holden, belebenden Blick / Im Tale grünet Hoffnungsglück / …" do is am Simmal klar wordn, dass des ganz gwis nix werd mit dem Mo. Anstandshoiba hodan weidaschwaffän lassn bis zum End: „Hier bin ich Mensch, hier darf ich `s sein!"
„Na", hod da Simmal gsogt, „do bei mir herobn ned!"

Da Schwammalsuacha

Hans Peter Kreuzer

Wann `s im Chiemgau herbstld gscheid,
Is de scheenste Schwammal-Zeit.
Scho um Fünfe in da Fruah
Is`s vorbei mid meiner Ruah.

I nimm an Korb, duas Messa nei,
Mein Hund, den hob i a dabei.
Grod wia da Jaga aufn Hirsch
Gäh i in d`Schwammal auf de Pirsch.

Gern steig i nauf ins Bichler Hoilz
Zu de vuiln Schwammal, de do stäng.
I kenn de Plätz – drauf bi i stolz,
Manch oana häds scho wissn meng.

Erfahrn hods nia neamd – des derfts glaam.
Vasprecha hob is miassn,
Dass i koam sog, bei welchne Baam
De scheenstn Schwammal spriassn.

Kimm an meim Schwammalplotz i o,
Kriach i zuawa übers Moos.
Zerschd riach is und dann siehg i s` scho,
D` Stoapuilzl - kerngsund und groß.

Bevor is obschneid, schau is o.
Lang schau i s`o – i konns kaum fassn,
Wia sowas Scheens do wachsn ko,
Wer sowas Scheens hod wachsn lassn.

Dann denk i an d` Vergänglichkeit,
Heid sans no schee,
Morgn sans dafeit.
Na! So lass i des ned geh!

I brocks und legs ins Körbe nei -
Jeds Lebn hod do an hähan Sinn.
Beim Stoipuilzl kannts Hächste sei
D`Vawandlung zu a Schwammalsuppn mid am Semmeknödl drin.

Tatzenschrappel

Siegward Roth

Auf dem Herrenberg, beim Spielen,
denkt kein Mensch an Tatzenschrappel.
Und so bin ich mit den Kindern
auch im Gras herumgekrabbelt.

Dabei stieß ich unvermittelt
gegen einen dieser Schrappel,
angezogen nur mit Socken
und ner viel zu kurzen Jacke.

Grün, wie sonst auch die Umgebung,
war er wirklich kaum zu sehen.
Doch nun schien ihm vor Empörung
zornig sein Gesicht zu glühen.

Mit weit aufgerissnen Augen
und zum O geformten Lippen,
sah ich ihn, sichtlich verärgert,
hastig an die Stirn sich tippen.

Nicht viel größer als ne Biene
und mit wild zerzausten Haaren,
strafte er mit strenger Miene
mein unmögliches Gebaren.

Seine Kappe war ein Keimblatt,
höchstwahrscheinlich einer Linde,
und der Gürtel seiner Jacke
schien aus frischer Birkenrinde.

Tut mir leid, so sprach ich endlich,
ich hab Sie doch nicht gesehen,
und bat kniend um Verzeihung
für das peinliche Geschehen.

Da erhob er seine Arme,
ließ sie gleich drauf wieder fallen,
so als wollt er damit sagen:
Ja! so seid ihr Menschen alle.

Drehte sich darauf zum Gehen,
hat noch vor sich hin gebrabbelt,
und im Gras nur schwer zu sehen,
war er wieder weg, der Schrappel.

Sonnenfinsternis anno 1999

Sybille Trapp

O mühsames Jahrtausend, so sorgenvoll ausklingend!
Ob es ein neues gibt, ist mehr als ungewiss.
Denn prophezeit ist eine Sonnenfinsternis,
ein dunkles Omen gar, uns arg mit Furcht durchdringend.

Droht Schlimmes dieser Erd, uns allen Unheil bringend?
Verderben ohne End? Doch scheun wir nicht das Wagnis,
mit eignen Augen zu betrachten dies Ereignis,
aus Abenteuerlust das Angstgefühl bezwingend.

Zu finden gilt es nun den Ort für das Erlebnis:
Ein stiller Platz auf einer Anhöh nah den Bergen,
dazu ein Himmel ohne Wolken und Betrübnis.

In Hub in Prien sehn wir die Sonne sich verbergen,
die Alpen als Kulisse für den dunklen Zauber.
Verstummt die Tiere. Todesstille. Welch ein Schauder.

Sonett nach Chiemgauer Tagebuchnotizen vom August 1999

Weinbergaussicht

Peter Witt

Es war eine Nachricht, die im Herbst 2021 um die Welt ging: der grausame Foltermord an Bernard von Bredow und seiner Tochter in Südamerika. Er stammte aus dem Chiemgau und war 2016 nach Paraguay ausgewandert. Bereits als 16-jähriger Schüler hatte er mit dem Fund eines Mammut-Skeletts bei Siegsdorf für Aufsehen gesorgt.

Martin Wendel aus Seeon hatte aus der Lokalpresse davon erfahren, und er dachte dabei an seinen Vater, der ebenfalls vom Chiemgau aus aufgebrochen war, um den Rest des Lebens in Paraguay zu verbringen. Er hat nie verstanden, warum er dies getan hatte. Vor 15 Jahren war sein Vater in der Fremde verstorben. Auf dessen Wunsch hin wurde er auf dem heimatlichen Friedhof beerdigt. Hinterlassen hat er seinem Sohn, außer einer nicht unbeträchtlichen Summe Geldes, einen Reisekoffer gefüllt mit Erinnerungsstücken. Martin Wendel hatte ihn nur einmal kurz geöffnet und, ohne sich für dessen Inhalt zu interessieren, in seinem Haus abgestellt. Jetzt nahm er ihn wieder zur Hand und blätterte in einem darin enthaltenen großformatigen Notizbuch. Auf den letzten Seiten der Eintragungen fand sich als Einmerker ein Schwarz-Weiß-Foto vom Kloster Seeon, das auf der Rückseite mit feinem Füller beschriftet war:

Martin Wendel kannte den Fotografen und damals berühmten Reiseschriftsteller (*Ganz allein zum Amazonas*) als gern gesehenen Gast in seinem Elternhaus, ein glänzender Unterhalter und Freund der Familie. Er war es auch, der seinen Vater mit dem Südamerika-Virus infiziert hatte, der ihn noch im Alter von über 60 auswandern ließ. Die Weinbergaussicht kann über einen beschilderten Weg nördlich vom Kloster erreicht werden und erlaubt einen schönen Rundblick über den Chiemgau. Der letzte Eintrag seines Vaters war datiert auf den 10.03.2006:

„Das Bild vom Weinberg hat Herbert fotografiert. Von allen, die er mir geschenkt hat, ist es mir das wertvollste. Er hat es an einem dieser Januartage aufgenommen, wenn sich alles messerscharf abhebt vom weißen Hintergrund. Hier ist es das alte Kloster mit der Walpurgiskapelle vor der Kette der nahen Alpen. Wie oft bin ich da oben auf der Bank gesessen! Auch am Tag vor meiner Abreise nach Paraguay. Es ist nicht weit hinauf zur Aussicht. Oben kommt es einem vor, als würde man ein wenig über allem schweben. Ich habe auch Tage erlebt, da hatte sich dichter Nebel über das Land gelegt. Auch recht, dachte ich mir. Dann musste ich nicht ständig auf dieses Kloster mit seiner Vergangenheit starren; auf die Zeit der Mönche, der Säkularisation, der russischen Emigranten, der SA-Ausbilder und Bereitschaftspolizisten. Losgelöst von diesen Geschichten, konnte ich dann an meine Zukunft denken.

Das Foto von Herbert zeigt sehr schön, was uns hier so gut gefallen hat. Es ist die Weite, die von höherer Warte erst sichtbar wird, die vom Wendelstein bis zum Watzmann reicht. Das Kloster im Vordergrund gewährt am Tag denjenigen Trost, die in der Nacht von quälenden Gedanken verfolgt wurden. Da ist es wohltuend, den kleinen Friedhof abschreiten zu können, auf dem die angebliche Zarentochter liegen soll. Das ist auch so ein Schwindel, den man sich hier gefallen lässt. Wie gerne bin ich die kurze Runde gegangen, von der Halbinsel hinüber zum Kircherl oben, am Weinberg entlang und hin zum Verweilen unter der Mozarteiche. Herbert hatte einmal den bekannten Verleger Heinz Friedrich in sein Haus eingeladen, der nach einer sternklaren Nacht ganz hin und weg war von der Gegend und sich bald danach hier niedergelassen hat.

Nach Friedrich kamen noch viele aus Kunst und Kultur in dieses viel gelobte Land am Chiemsee, um frische Kraft zu schöpfen. Ich habe mich später oft gefragt, weshalb ich eine solche Heimat verlassen konnte. Auch du wirst das nicht verstanden haben, mein Sohn, der du diese Zeilen liest. Es mag der Schmerz gewesen sein beim Tod deiner Mutter. Du warst alt genug, um ohne mich zurechtzukommen. Es bleiben dennoch Schuldgefühle zurück, weil ich den Wunsch durchgesetzt hatte, noch mal etwas Neues zu beginnen. Diese Enge – auch die in den Köpfen der Chiemgauer – wollte ich hinter mir lassen, um mir Land in Paraguay zu kaufen und freier leben zu können. Ich bin mir nicht sicher, ob mir das gelungen ist.

Ich bedaure es jetzt, dir nicht öfter geschrieben zu haben. Das war dann immer nur Belangloses einmal im Jahr zu Weihnachten. Ich habe einfach nicht gewusst, was ich dir hätte berichten sollen. Dass mir hier so manches besser gefällt als in der Heimat? Meine Erfolgsgeschichte behielt ich lieber für mich, weil sie höchstens finanziell eine war. Hätte ich dich belasten sollen mit meinen melancholischen Stunden, mit dem ewigen Heimweh, das mich nie losgelassen hat? Sollte ich erzählen von einer neuen Frau, die mir deine Mutter nicht ersetzen konnte? Von meinem ewigen Problem zu hören, dass es mir nirgendwo gelungen ist, richtig anzukommen, hätte dich nur ratlos werden lassen. Sind wir nicht alle Herumirrende, wo wir uns auch befinden? Auch wenn viele es nicht zugeben wollen, so suchen wir alle ständig in immer neuen geistigen Landkarten nach Orientierung. Unsere Vorfahren waren sich noch sicher, sie im Buch der Bücher gefunden zu haben. Wir sollten uns heute nicht einbilden, gescheiter zu sein als sie. Sind demgegenüber unsere Lösungen für ein gelingendes Leben nichts anderes als kümmerlicher Dilettantismus? Meine Regale voll mit Büchern hast du sicher schon entsorgt.

Wenn ich dir am Ende etwas raten darf: Suche diese kleinen Aussichtspunkte wie den Weinberg auf, so oft es dir möglich ist. Wir Menschen sind immer so unendlich weit voneinander entfernt. Erst durch unsere Sehnsüchte kommen wir uns näher. Das schwer Erreichbare zieht uns alle an, und vielleicht ist man ihm schon nahe gewesen, ohne es zu merken. Aber die Erkenntnis kommt oft erst, wenn man einen Ort verlassen hat. Jetzt sind mir nicht mehr viele Tage vergönnt. Mein Arzt hat eine Andeutung gemacht. Ich merke, wie in mir jetzt eine neue Sehnsucht erwacht ist – nach dem anderen, das auf mich wartet.

Sei gesegnet, mein Sohn, und verzeih mir meine Abschiede!"

‚Das sind ja schöne Aussichten', dachte Wendel. Er ließ sich das Rittlinger-Foto rahmen und die Sorgfalt seiner Betrachtungsweise nahm von da an zu.

An Flüssen und Seen

halb düster halb hell

Barbara Ammer

den Fluss der Zeit am Wasser
fühlen und schmunzeln
über Unzulänglichkeit
die uns in Sicherheit wiegt

in der Stadt Traunstein
beim Spaziergang an der Traun
das Grün im Frühling
ich sehe es erstrahlen
intensiv durch die Sonne

mein Gang führt vorbei
am mächtigen Viadukt
Augenkapelle
oh Wunder hilf der Sehkraft
daran glauben noch viele

die Volksfrömmigkeit
setzt ihre Zeichen am Weg
beeindruckt von der
Kapelle am Klobenstein
will ich Traunstein verstehen

bergauf durch den Wald
eine Pause tut mir gut
unten liegt der Fluss
das kalte Bründl erreicht
möcht ich das Wasser trinken

Versteckter Energiestrahl – ein alpiner Kraftort in Aschau

Marion Liedtke

Jahrzehntelang stand ich Abend für Abend in meinem fensterlosen Badezimmer unter der Dusche. Der Brausekopf ist modern und extra so groß wie ein Pastateller, damit ich mich großzügig wie von einem warmen Sommerregen berieseln lassen kann.

Ich weiß nicht, was in mich gefahren war, aber nach all den Jahren wollte ich diese Angewohnheit zwischen kühlen Kacheln einmal anders machen. Spontan wie lange nicht mehr, setzte ich mich kurzerhand auf mein Radl und düste los. Es war noch hell an diesem Septembertag. Wie von einer inneren Stimme gezogen, fuhr ich am rechten Ufer entlang der Prien Richtung Sachrang. Die Vorfreude ließ mich rollen, als hätte ich Rückenwind, der mich vorwärts bläst. Vorbei an Spaziergängern und Wanderern, den Bergen entgegen. Am Ende von Aschau und dem Ortsschild Hainbach bog ich nach rechts ab, ließ das Fahrrad, an einen Baumstamm gelehnt, stehen und folgte dem kleinen holprigen Weg durch die Bäume, aufwärtsstolpernd über Wurzeln und Steine. Das leichte Rauschen des Wassers verhieß die richtige Richtung.

Endlich war ich wieder bei ihm, diesem faszinierenden Energiestrahl, der mitten in der Natur vom hohen Felsen herunterstürzt - mit einer Stärke, die mich seit meinem ersten Besuch vor ein paar Tagen in den Bann gezogen hat. Geschätzt 90 Meter fällt das Wasser in die Tiefe in einen halbrunden kleinen See, der von Felsbrocken umgeben ist. Es heißt, dass dieser Wasserfall vermutlich deswegen Schoßrinn genannt wird, weil er von oben geschossen kommt und sich nicht aufhalten lässt, sondern sich als schmale Rinne auf der gegenüberliegenden Seite in einem Bachlauf weiter abwärts schlingert. Da dessen Auffangbecken an den Schoß einer Frau erinnern kann, hat dieser erfrischende Bereich bei Einheimischen auch den Ruf, ein beliebter Frauenkraftplatz zu sein.

Wie Magie zieht mich dieser Ort an. Nun weiß ich warum, denn es ist sogar wissenschaftlich erwiesen, es sind die Negativ-Ionen in der Luft, von denen besonders viele an alpinen Wasserfällen entstehen, von denen ich wie magnetisiert bin. Sie wirken stimulierend, können nachweislich das Wohlbefinden erhöhen, für gute Stimmung sorgen und neben anderen positiven Effekten sogar den Alterungsprozess verzögern. Welch wundervolle Wonne.

Ich sah mich um, keiner in der Nähe, eine Gelegenheit, alle Fünfe gerade sein zu lassen und mich hineinzustürzen. Ich schwamm mutig zu dem energiegeladenen Aufprall, um die prickelnde Dusche zu fühlen, die mich massiert und für die Seele so heilsam ist. Seitdem bin ich süchtig danach.

Geburtstag. Im Geschenkpapier finde ich einen Duschkopf, der laut Produktbeschreibung durch sein spezielles Duschsieb sehr viele negative Ionen, ähnlich wie ein natürlicher Wasserfall, erzeugt. Die Industrie hat auch diesen Zauber schon nachgeahmt, stelle ich entgeistert fest und weiß nicht, ob ich mich darüber freuen soll oder nicht. Noch möchte ich eigentlich mein lieb gewonnenes abendliches Ritual in Aschau nicht wieder gegen das Badezimmer zu Hause eintauschen, aber vielleicht eines Tages umso lieber bei Eis und Schnee!

Spiegelung

Gudrun Bielinski

Ich stehe auf der kleinen Holzbrücke, die über den Überseer Bach führt. Das Wasser, in dem sich die verschiedenen Grüntöne der Bäume spiegeln, glitzert in der Sonne. Das Licht, das durch die Bäume scheint, ist hier zu jeder Tageszeit anders. Am Spätnachmittag und abends im Sommer ist es am intensivsten. Ich kann sehr lange an diesem Ort verweilen, er strahlt eine besondere Ruhe aus, in der ich immer innehalten muss. Meine Augen können bis auf den Grund sehen, den grüne Pflanzen bedecken, die von der Strömung hin und her bewegt werden. Kleine Fische schwimmen unter mir vorbei, ziemlich schnell. Manchmal habe ich den Eindruck, sie würden springen. Ich muss an das Forellenquintett von Franz Schubert denken, in dem die Melodie des Klaviers ausdrückt, wie die Forelle von der Strömung des Wassers mitgetragen wird.

Plötzlich bemerke ich, dass ein Mann neben mir steht. Er hat einen Hut mit einer breiten Krempe auf, in seinem Mund steckt eine Pfeife. In der Hand hält er einen Zeichenblock, Farben und Pinsel liegen auf der Holzbalustrade. Ich frage, ob ich ihm beim Malen zusehen darf.

Er sieht mich an. „Gerne, wenn Sie möchten", sagt er, und bläst mit seiner Pfeife kleine Rauchwolken in die Luft. „Sie lieben diesen Ort?", fragt er mich.

„Sehr, ich komme immer wieder hierher."

„Was lieben Sie hier so sehr?", will er wissen.

„Die Bäume, das Licht, die Farben, die Spiegelung im Wasser, den Himmel, und die unendliche Ruhe hier."

Der Mann hört mir aufmerksam zu. „Sie haben ein tiefes Empfinden, das ist auch einer meiner Lieblingsplätze", sagt er und taucht seinen Pinsel ins Wasserglas. Damit geht er in die dunkelblaue Farbe, mischt mit dem Hellgrün und setzt gekonnt den ersten Pinselstrich. Dann kommt er in Fahrt. Er mischt die verschiedensten Farben miteinander, setzt hier und da einen Strich, mal schmal, mal breit, und nach kurzer Zeit sind die Bäume und das Ufer zu erkennen. Die Schatten entstehen durch das Violett. Das Wasser malt er in den verschiedensten Blautönen. Großzügig mischt er gelb und orange dazu, und in Windeseile hat er das goldene Licht auf das Papier gezaubert. Er hat genau die Stimmung eingefangen, wegen der ich immer wieder hierherkomme, stelle ich begeistert fest.

Schließlich wirft er noch einmal einen prüfenden Blick auf sein Bild, korrigiert hier und da und zeigt es mir. „Gefällt es Ihnen?"

Ich nicke. „Sehr."

„Möchten Sie es?"

„Ja gerne, natürlich", antworte ich voller Freude.

Er überreicht mir sein Aquarell und lacht mich an.

„Danke, vielen Dank.“

„War mir eine Ehre“, sagt er.

Und plötzlich, ist er nicht mehr da. Wie aus dem Nichts gekommen, wie in das Nichts verschwunden.

Ich betrachte das Bild und entdecke die Signatur von Julius Exter am rechten unteren Bildrand. Mein Lieblingsmaler, der vor hundert Jahren in Übersee lebte und die Schönheit des Chiemgau durch seine gelungene und einzigartige Farbkomposition zum Ausdruck bringen konnte.

Die Abendglocken bringen mich aus meinen Träumen zurück. Ich steige auf mein Fahrrad und fahre nach Hause.

Heute nicht mein Tag

Armena Kühne

Das Prädikat weißblau und weltoffen halten außerbayrische Landsleute aus unerfindlichen Gründen für ein Paradox. Doch der Chiemgau ist anders. Die Menschen sind gastfreundlich und gewähren beinahe jedem Dauerasyl, sogar Berlinern. Nur... wenn die Situation es erfordert, können wir auch zintig werden.

Aber von Anfang an. Der Ort, an dem ich oft Kraft für schwierige Entscheidungen treffe, an dem ich auch meine seelischen Wunden heilen lasse, ist die Hemhofer Seenplatte. Sie liegt zwischen Bad Endorf und Eggstätt. Wobei Seenplatte ein etwas flaches Wort ist und eher nach Mecklenburg passt als in dieses verwunschene Waldgebiet.

Es ist fünf Uhr morgens, als ich mich auf den Weg mache. Der Tag verspricht warm zu werden, und so packe ich auch meine Badesachen ein. Auf der Straße begegnet mir kein Fahrzeug, und ich kann problemlos den Parkplatz für meine Wanderung ansteuern. Die Nacht hängt noch über dem Land, und der Morgennebel wabert in den Baumkronen. Ich liebe den Übergang von der Nacht zum Tag. Wenn die ersten Vogelstimmen erklingen, wenn der Wind leise das Laub zum Rascheln bringt und alles noch klar und sauber erscheint. Ich spüre den Morgen wie ein Versprechen von Freiheit und Ruhe auf meiner Haut.

Nach einer Stunde, in der ich über Holzwege, Trampel- oder Wildwechselpfade wandere, erreiche ich meinen kleinen See. Die Stille wird nur vom Treiben verschiedener Vogelarten durchbrochen. Auf einem Baumwipfel singt eine Amsel ihr Morgenlied. Es ist ihre Art, die Sonne zu begrüßen. Ich setze mich ins Gras und lausche den vielfältigen Stimmen der Natur.

Meine Freude währt jedoch nicht lange. Ein fremdes Geräusch lässt mich aufhorchen. Äste knacken, und beinahe könnte man meinen, ein Elefant müht sich durch den schmalen Trampelpfad. Dann taucht ein Typ, beladen mit allen möglichen Kamerautensilien, auf. Noch hat er mich nicht entdeckt, und auch ich versuche, ihn zu ignorieren. Das gelingt natürlich nicht lange. Während er umständlich versucht, Kamera und Stativ aufzustellen, entdeckt er mich. Ein kurzes Hallo, dann wendet er sich wieder seiner Kamera zu. Ein Naturfotograf, denke ich und hoffe, dass er nicht zu lange bleibt. Ich beobachte ihn, wie er beinahe verzweifelt versucht, einen festen Platz für sein Stativ zu finden. Manchmal steht er knöcheltief im Wasser. Er Flucht leise. Und am Ende entfernt er sich vom Wasser. Er hat die Flora und Fauna völlig durcheinandergebracht. Was will er da noch mit seiner Kamera einfangen, denke ich.

Endlich hat er seine Utensilien aufgebaut und richtet den Blickwinkel ein und setzt sich ins Gras. Und was macht er? Er raucht, verpestet die Luft mit seinem

Tabakqualm. „Sind Sie öfters hier?“ fragt er.

„Warum fragen Sie?“ Ich war genervt.

„Nun, ich bin auf der Suche nach der Moosjungfer, einer vom Aussterben bedrohten Libellenart. Und dieser Platz scheint mir dafür geeignet zu sein.“

„Ich hab hier noch keine Moosjungfer gesehen“, antworte ich, in der Hoffnung, dass er seine Utensilien einpackt und verschwindet. Libellen gibt es hier, aber ich weiß nicht ihre Namen, erfreue mich nur an ihren schillernden Flügeln und der Flugkunst, die sie beherrschen. Für mich sind diese Flugkünstler kleine Elfen aus einem Märchenland.

Er drückt seine Zigarette im Gras aus, steht auf und betrachtet das Display. Dann wechselt er das Objektiv.

„Jetzt ist es besser“, meint er.

Viel Ahnung scheint er nicht zu haben. Alles geschieht langsam und meiner Meinung nach recht umständlich. Während er die Natur auf dem Display beobachtet, schweigt er. Ich lege mich wieder ins Gras und versuche zu vergessen, dass ich an meinem geliebten Platz nicht mehr allein bin.

Die Ruhe dauerte nicht lange. „Wussten Sie, dass man in diesem Naturschutzgebiet nach Erdgas bohren wollte?“

Himmel, kann er nicht mal die Klappe halten. Er hat sich mir zugewendet und erwartet eine Antwort.

„Nein, welch verrückter Verein kommt denn auf sowas.“

„Ich weiß nur, dass es E.ON und ein Partner aus Österreich waren. Es gab damals heftigen Widerstand, und nichts wurde es mit einer modernen Schatzsuche. Sie mussten die Geräte wieder einpacken. Die Chiemgauer besitzen einen tollen Widerspruchsgeist. Ich war damals dabei, obwohl ich kein Chiemgauer bin", verkündet er stolz.

Dann steht er auf und versucht, am Ufer ein Schilfrohr etwas zur Seite zu schieben. Er stellt sich dabei so ungeschickt an, dass er ausrutscht und im Wasser landet. Jetzt muss ich mir doch ein Lachen verkneifen. Fluchend stapft er aus dem Wasser. Baut seine Kamera ab, und mit den Worten „Das ist heut nicht mein Tag", verschwindet er.

Die Moosjungfer hat er nicht entdecken können. Ich atme tief durch. Endlich, endlich kann ich die Stille um mich herum wieder genießen. Meine Freude dauert nicht lange. Kindergeschrei kommt erschreckend schnell näher. Eine junge Mutter mit zwei Kindern taucht auf.

„Heute nicht mein Tag", denke ich, packe meine Sachen zusammen und verschwinde in Richtung Parkplatz.

Ein bisschen tot

Brigitte Geretschläger

Bam - bam – bam. Ich halte mir die Ohren zu, kann es nicht mehr hören, senke den Kopf in den Schoß. Bam – mein gellender Schrei durchdringt den Raum. Mit Wucht schlägt der Rumpf des Segelboots an den Steg.

Dabei fing der Tag gut an. Es war Wochenende, und die Sonne schien bereits am Morgen. Nach dem Frühstück drängte es mich zum See, noch bevor die Tourismusschwärme die Parkplätze besetzten.

Das Segelboot hatte mir mein Vater vererbt. Es ist klein, hat aber alles, was man braucht: eine Kombüse, eine Schlafkoje und einen Salon. Ich habe oft mit ihm hier übernachtet. Meist, wenn er mit Mutter gestritten hatte. Auch ich schlafe hier, wenn ich mit Kurt streite.

Nachdem das Boot seeklar war, löste ich die Leinen und stieß mich vorsichtig links und rechts ab, bis ich freie Fahrt hatte. In diesem Sommer gab es nur wenig Niederschlag. Der Wasserstand des Chiemsees war deutlich zurückgegangen, und die sonst unter der Wasseroberfläche versteckten Algen zeigten ihre Köpfe. Ich musste das Paddel nehmen, aus Sorge, die Algenfäden könnten sich um den Propeller des Motors wickeln. Erst in einiger Entfernung vom Ufer hisste ich die Segel.

Aufgrund der Flaute dauerte die Überfahrt zur Fraueninsel länger als üblich. Der alte Raddampfer `Ludwig Fessler´ kreuzte meine Route. Einige Touristen winkten mir zu. Bei der Einfahrt zwischen Herren- und Frauenchiemsee frischte der Wind etwas auf, und ich nutzte die leichte Brise zum Anlegen.

Nachdem ich das Boot festgemacht und einen beruhigten Blick gegen den Himmel geworfen hatte, ließ ich mich vom Strom der Besucher treiben. Es war unübersehbar Hauptsaison. Sorglos weggeworfene Plastikflaschen und Verpackungen pflasterten den Weg. Neugierige Gäste schauten ohne Hemmung über die Zäune der Einheimischen und störten deren Ruhe. Doch all das tat der Schönheit der Insel keinen Abbruch.

Mein Spaziergang endete in einem Restaurant. Es waren nur wenige Tische besetzt. Nach der Bestellung wartete ich entspannt auf das Essen und sah mich derweil um.

Ein paar Wolken türmten sich langsam auf, ansonsten war der Himmel wolkenlos blau. Die letzten Gäste zahlten ihre Zeche. Sie eilten zu dem Boot am Steg vor dem Lokal und legten ab. Das Essen kam. Ich ärgerte mich über die Unruhe rundum, während ich aß. Die Kellner räumten hektisch die Tische ab, holten die Sonnenschirme ein und trugen die Sitzkissen nach innen. Ich maß dem

Ganzen keinerlei Bedeutung bei, war es doch schon Nachmittag, und vermutlich wollten sie in die wohlverdiente Pause.

Um mich abzulenken, ließ ich den Blick über den See schweifen und blieb am Licht der Sturmwarnleuchte hängen. Ach du Schreck! Das Licht blitzte. Starkwindwarnung. Jetzt verstand ich. Ohne aufzuessen, bezahlte ich die Rechnung und lief hastig zum Boot.

Ein böiger Wind zog auf, drückte in meinen Rücken und trieb mich beim Gehen an. Ich erreichte rechtzeitig das Segelboot, als ein Sturm losbrach. Der Wind kam von Luv, der das Boot vom Steg wegtrieb, aber ich hatte es gut vertäut und brauchte mich nicht zu sorgen. Ich legte mich in die kleine Schlafkoje und versuchte zu schlafen.

Ich werde von einem lauten Schlagen geweckt. Der Wind hat gedreht und der Rumpf schlägt mit voller Kraft an den Steg. Ich versuche, ans Oberdeck zu gehen, aber der Sturm weht zu heftig. Außerdem habe ich Angst.

Der Rumpf kracht. Etwas zerbirst. Ich rufe die Notrufnummer 112. „Bitte helfen Sie mir, schnell. Ich glaube, ich gehe unter."

„Wo sind Sie?"

„Am Chiemsee, am Steg vorm Kloster."

„Nur die Ruhe! Wir informieren die Wasserrettung. Wird aber noch etwas dauern."

„Das geht nicht, das ist zu spät. Die Feuerwehr ist ja gleich daneben."

„Ja, ich weiß. Auf der Fraueninsel gibt es zwar eine, aber die ist nicht zuständig. Sie sind am Wasser, da kommt die Wasserrettung."

Ich sitze hier und warte. Der Rumpf prallt wieder und wieder an den Steg. Es knirscht immer lauter. Unter meinen Füßen spüre ich Feuchtigkeit, greife danach und erschrecke. Es hat sich eine Pfütze gebildet.

Ich gehe nun doch ans Oberdeck, um nach Rettung Ausschau zu halten. In der einen Hand das Mobiltelefon, versuche ich mit der anderen, die Rettungsweste anzuziehen. Just in dem Moment erfasst mich eine Bö. Ich rutsche aus und greife instinktiv nach der Want. Vergeblich, ich bekomme sie nicht zu fassen und falle über die Reling.

Wie warm sich das Wasser anfühlt. Der Versuch, ans Land zu schwimmen, misslingt, ich komme gegen die Wellen nicht an. Mir fehlt die Kraft. Es ist stockfinster, und ich verliere die Orientierung. Ich verschlucke mich, huste. Irgendwas blockiert den Hals. Ich bekomme keine Luft und schlage wild um mich. „Wo bin ich?" Meine Brust wird eng. Algen schlingen sich um die Beine. Sie greifen nach mir und ziehen mich nach unten. Ich möchte schreien, kann aber nicht. Da, helle Flecken. Sie suchen mich. „Hier, hierher. Hier bin ich!"

Ich sinke tiefer und tiefer. Es wird friedlich. Eine ungewohnte Ruhe breitet sich aus. Meine Augen sind offen, sehen aber nur ins Dunkle. Ich fühle mich leicht und schwerelos. Mir ist gleichgültig, was weiter passiert. In der Ferne höre ich Stimmen, die nach mir rufen. „Ich komme, ich komme.“ Ich habe keine Angst mehr.

Ein Mann packt meinen Arm und schüttelt mich. Er soll aufhören damit. Ich will nicht zurück, kann mich aber nicht wehren. Er schüttelt weiter, ruft meinen Namen. Mit aller Kraft bäume ich mich auf und stoße ihn von mir weg.

„Aua, was soll das?“ höre ich den Mann rufen.

„Was, was ist los?“ frage ich verdattert.

„Aua, du hast mich getreten.“ Kurt reibt sich das Bein.

„Ach!“

„Du hast geschnarcht. Laut!“ Er dreht sich auf die Seite, schnauft und schläft weiter.

Am Polizeisteg

Reinhold Schneider

Der Forellenweg im Priener Ortsteil Osternach kreuzt im Osten den Uferweg von Prien Hafen nach Rimsting und endet an einem kleinen Parkplatz. Daran angrenzend befindet sich ein von Schilf, Bäumen und Sträuchern umwachsener quadratischer, gekiester Platz mit drei Parkbänken und einigen Fahrradständern, von dem aus ein hölzerner Steg, den man über zwei Stufen betritt, in den See führt. Da man auf diesem am anderen Ende über eine Treppe aus Edelstahl komfortabel und ohne Kraftanstrengung und auch sauberen Fußes direkt in den Chiemsee und wieder heraussteigen kann, ist er bei den Prienern ein beliebter Ort. Vom Steg aus hat man einen ungestörten Blick auf die Schafwaschener Bucht im Norden, die Herreninsel im Osten und die Berge im Süden, so dass ihn auch Spaziergänger gerne betreten, um einen Moment inne zu halten und die Aussicht zu genießen.

Bevor der geschätzte Besucher den Platz betritt, wird er mittels dreier Schilder – es muss schließlich alles seine Ordnung haben - informiert, dass es sich hier um eine Steganlage des Marktes Prien mit dem Namen „Badesteg Forellenweg" handelt und dass das Baden auf eigene Gefahr erfolgt. Weitere Warnhinweise und

Verbote sowie ein viertes Schild mit Verhaltensregeln zur Eindämmung des Coronavirus ergänzen das ausführliche Informationsangebot. Da sich rechts daneben das Bootshaus der Wasserschutzpolizei befindet, heißt der Steg bei den Einheimischen allerdings „Polizeisteg". Man kennt ihn, und sobald der See im Frühsommer eine erträgliche Temperatur aufweist, trifft sich dort ein buntes Völkchen aus alten und jungen Badefreunden, um mal kurz in der Früh, in der Mittagspause oder nach der Arbeit ins Wasser zu springen. Das Treiben, aber auch die Stimmung an diesem Ort variieren im Spiegel der Jahreszeiten. Während im Winter die Stille hauptsächlich vom Quaken der Enten durchbrochen wird, herrscht im Hochsommer, vom späten Nachmittag bis in den Abend hinein, Hochbetrieb. Je nach Tageszeit wird die Szene von jungen Müttern mit Kindern, Berufstätigen, sportlichen Dreißigern oder Rentnern dominiert. Die Ausdauernden und Mutigen schwimmen bis zum Privatsteg der Gräfin auf der Herreninsel und rasten dort, sofern sie von ihr nicht verscheucht werden, während die Unsicheren in Ufernähe auf und ab schwimmen und einen kleinen Ballon hinter sich herziehen, an dem sie sich festhalten können, falls ihnen die Puste ausgeht. Auch die Kanuten und Stand-up-Paddler lieben diesen Steg, da er einen einfachen Zugang zum See bietet und sie ihr sperriges Sportgerät nicht weit zum Wasser tragen müssen.

Vor einigen Jahren haben auch die Touristen diesen Ort entdeckt. Während die Priener meist mit dem Radl kommen, parkten die Fremden regelmäßig den

Forellenweg so zu, dass es zu einem Aufruhr unter den Anwohnern kam und die Angelegenheit im Rathaus behandelt werden musste. Von totalem Parkverbot bis zur Aufstellung von Parkuhren wurden dort alle erdenklichen Varianten diskutiert, bis schließlich Gottes weiser Ratschluss auf den Gemeinderat herniederschwebte und dieser Schilder mit der Aufschrift „3 Std. Mo-So 7-19 Uhr Parken frei" aufstellen ließ.

Das Gesicht des Ortsteils ist geprägt durch großzügige Einfamilienhäuser, oft im bayerischen Landhaus- und Jagdhausstil, mit gediegenen Toreinfahrten und großen Grundstücken mit altem Baumbestand. In den letzten Jahren hat sich allerdings, im Besonderen an den Zufahrtswegen zum Steg, dem Forellen- und Renkenweg, einiges verändert. Wo einst auf einem riesigen Grundstück ein dicht bewachsener Tannenwald stand, steht nun inmitten einer grünen Wiese ein Einfamilienhaus vom Aussehen einer Pappschachtel. Hier wurde offensichtlich nur das Grundstück vererbt, und für ein dieser Lage angemessenes Haus hat es nicht mehr gereicht. Einen auffälligen Kontrast dazu bildet das ebenfalls neue Gebäude auf dem angrenzenden Grundstück im Renkenweg. Hinter einem Zaun aus Granitsäulen, mit kunstvollen Schmiedeeisenelementen dazwischen, steht eine Villa, der man von jeder Seite aus ansieht, dass hier Geld keine Rolle spielte.

Die Bauträger sind in dieser Ecke ebenfalls nicht untätig, wie man kürzlich im Priener Marktblatt lesen konnte. Einer von ihnen muss wohl so hartnäckig an der Ausreizung seiner Möglichkeiten zur Optimierung der Wohnfläche und damit an der Veränderung des Ortsteilbildes gearbeitet haben, dass der Gemeinderat, um den Charakter des Ortsteils zu erhalten, eine sofort wirksame Veränderungssperre für das von ihm erworbene Grundstück beschlossen hat.

Auch für Nichtschwimmer hat die nähere Umgebung etwas zu bieten: Rechts neben dem Polizeibootshaus und direkt am See liegt der Winklfischer Ihm, ein von stattlichen Weiden beschattetes und hohem Schilf umgebenes Fischlokal mit kleinem Biergarten. Allerdings ist er meistens geschlossen. Trotzdem braucht man nicht zu dürsten, denn linker Hand vom Steg findet man nach wenigen Gehminuten die am Chiemsee-Rundweg gelegene Fischhütte Reiter, die bei Touristen und Einheimischen gleichermaßen beliebt ist und bei schönem Wetter im Sommer immer geöffnet hat. Es sei denn, es ist Hochwasser, was in den letzten zwölf Jahren immerhin dreimal vorkam. Dann steht die Hütte, wie auch der Forellenweg, bis zu einem halben Meter unter Wasser, und auch vom Polizeisteg ist nur noch das Geländer sichtbar.

Aber dann kann man ja sein geliebtes Bier zum Beispiel beim Simmerlwirt oben in Urschalling trinken. Bis da hoch ist der Chiemsee in den letzten tausend Jahren nicht gestiegen, und das wird wahrscheinlich auch die nächsten tausend Jahre so sein.

In der bayerischen Karibik

Elisabeth Thielemann

Nun sind wir wieder einmal hier, meine Schwester und ich. An dem Platz am Chiemsee, den nur wenige Leute kennen. Wahrscheinlich liegt das daran, dass er mit dem Auto nicht erreichbar ist, sondern nur mit dem Fahrrad oder zu Fuß.

Nach einer halben Stunde haben wir zwei, ausgerüstet mit all den Utensilien, die uns für den Tag am Strand brauchbar erschienen, es endlich geschafft anzukommen, das „Bayerische Meer" vor den Füßen! Die Sonne brennt ins Gesicht. Der lange Fußmarsch und die Schlepperei waren anstrengend, die Körper kochen vor Hitze. Rasch entledigen wir uns der Rucksäcke, stellen den Sonnenschirm auf, ebenso wie die zwei kleinen mitgeschleppten Liegen. Sie erweisen sich jetzt nützlich, denn der Badestrand ist mit unzähligen Steinen übersät. Nachdem die Handtücher ausgebreitet, Badeanzug und Badeschuhe angezogen sind, geht´s ab ins Wasser!

Der See ist seicht im Uferbereich, aber wir waten ins Tiefe, schwimmen los und genießen die Abkühlung, ein Gefühl, das neue Lebensenergien weckt und unbeschreiblich erfrischt. Wieder zurück am Strand, fühlt sich jetzt die Wärme der Sonne wohltuend an.

„Irgendwie erinnert mich das an unseren letzten Sardinien-Urlaub“, sage ich zu meiner Schwester.

„Mich auch“, antwortet sie „und an unsere langen Strandwanderungen, die wir jeden Tag gemacht haben.“

„Über jedes Blümchen und jeden Stein haben wir uns gefreut“, erwidere ich mit einem Lächeln.

„Und über all die Tiere, ob Möwen, Kormorane und die Fische, die zwischen unseren Füßen umher schwammen“, antwortet sie mit verträumtem Blick.
Sie holt eine Flasche Wasser aus der kleinen Kühltasche, teilt den Inhalt in zwei Plastikbecher und wir trinken auf diese schönen Erinnerungen.

Irgendwann verebbt unsere Unterhaltung, und es wird ruhig. Wir genießen die Schönheit und Ruhe der Natur und den Sonnenschein. Die Hektik der letzten Tage ist vergessen.

Langsam fallen mir die Augen zu, und ich gleite in eine andere Welt hinüber, hinüber an einen schneeweißen Sandstrand unter grünen Palmen, deren große Blätter im Wind wedeln. Vor mir liegt das unendliche aquamarinblaue Meer, das sich am Horizont mit dem wolkenlosen Himmel vereint. Ich sehe freundliche, braungebrannte Menschen, die Lebensfreude ausstrahlen, höre karibische Klänge und das Rauschen der Wellen, die in gleichmäßigem Rhythmus immer wieder Sand an den Strand spülen. Es ist ein Moment, in dem sich Traum und Wirklichkeit vereinen.

Ein störendes, fremdes Geräusch scheint plötzlich meinen Dämmerschlaf zu beeinträchtigen. „Schnarcht hier etwa irgendjemand?", fragt das Unterbewusstsein. Es rüttelt mich ein wenig, aber ich schlafe weiter. Mein Traum ist einfach zu schön, um aufwachen zu wollen. Ein leichter Windstoß erfasst einen Palmwedel und streicht ihn mir mehrmals zart übers Gesicht. Dieses Streicheln hält eine ganze Weile an, und ich erwache. Ich schaue direkt in die Augen der Schwester. Sie grinst und hält ein Büschel langer Gräser in der Hand, mit denen sie mich an der Nasenspitze kitzelt.

„Du alter Frechdachs!", raune ich sie an. Ich erzähle ihr vom Traum und dem vermeintlichen Palmwedel, den ich auf der Haut verspürt habe. Eine Vorstellung, die uns herzhaft zum Lachen bringt.

„Schau dir nur diesen Blick auf die Inseln an und diese vielen schneeweißen Segel über dem See!", schwärmt sie.

„Weißt du was?", fällt mir darauf ein „Ich habe einen kalten Piccolo in der Kühltasche. Mit dem stoßen wir jetzt an auf unsere `bayerische Karibik´ und diesen herrlichen Tag!"

Der Johnny Depp vom Chiemgau

Elisabeth Thielemann

Es war ein schöner Tag! Und jetzt, zum Abschluss unseres Ausfluges, sitze ich hier mit meiner Tochter in der `Sundownerbar´ in Übersee am Chiemsee. Sie ist gefüllt mit gut gelaunten Besuchern, die hier erinnert werden an ein Land, wo immer die Sonne scheint und die Bewohner sich fröhlich begegnen.

Vor uns ist eine Bühne aufgebaut. Sie ist leer. Meine Tochter nippt an ihrem ersten Cocktail, so wie ich, als Autofahrerin allerdings an einem alkoholfreien. Wir sind in eine rege Unterhaltung vertieft, während zwei junge Männer mit Gitarren und Mundharmonika die Bühne betreten. Und plötzlich steht er vor mir, der `Johnny Depp vom Chiemgau´!

Ein wenig strähnige, längere Haare quellen unter dem schwarzen Hut hervor, seine Augen verdeckt eine Sonnenbrille. Das Hemd fällt lässig über die Jeans, wobei er die Hosenbeine hochgekrempelt hat und barfuß läuft. Fast gleicht er dem Piraten aus jenem bekannten Film. Sein ungemein selbstsicheres Auftreten vermittelt den Eindruck, dass er sich seines Aussehens und Könnens voll bewusst ist, was ihn sehr interessant macht. Die beiden Männer nehmen die Bühne ein, indem sie Mikrofon und Instrumente vorbereiten, so als hätten sie Größeres vor.

Es dauert einige Zeit, dann treten die jungen Männer nach vorne. Mein `Johnny Depp´ spielt Gitarre und Mundharmonika, der zweite nur Gitarre. Und dann beginnt er zu singen, wie ein junger Gott, der `Johnny Depp vom Chiemgau´. Er singt nicht irgendetwas, er singt Balladen aus einer Zeit, in der ich so jung war wie er jetzt. Und als er dann das Lied `Morning has broken´ von Cat Stevens singt, ist es endgültig um mich geschehen, und ich frage mich, ob ich noch anwesend bin oder abgetaucht, abgetaucht in eine Welt, die lange zurückliegt!

Meine Tochter beobachtet mich und freut sich, dass ihre Mutter, die `in die Jahre´ gekommen ist, noch so dahinschmelzen kann. Ich sehe ihr aber an, dass ihr diese Art von Musik auch gefällt. Meine Freude über die beiden jungen Musiker, die ihre Kunst beherrschen, ist riesengroß.

Ich erinnere mich plötzlich an Minuten in Los Angeles, wo ich auf dem `Walk of Fame´ Johnny Depps Stern suchen wollte, ihn aufgrund der kurzen Verweilzeit aber nicht finden konnte. Ich war mit meinen kalifornischen Freunden auf dem Weg von San Diego nach San Francisco, wobei wir Los Angeles passierten. Leider suchten wir vergeblich nach einem Parkplatz, so musste ich mein Vorhaben aufgeben. Und nun steht er leibhaftig vor mir, der `Johnny Depp´, und das hier, hier am Chiemsee!

„Die Künstler sollten belohnt werden. Warum gibt denn niemand was?", frage ich meine Tochter und erhebe mich entschlossen mit einer Geldspende in der

Hand. Auf der Bühne steht ein Becher, den ich als `Spendenbox´ identifiziere. Da bemerke ich, dass es sich hier wohl um ein Trinkgefäß mit Inhalt handelt und kann im letzten Moment noch blitzschnell meine Hand zurückziehen, sonst hätte der Schein ein Bad genommen.

„Oh, wie peinlich!!", schießt es mir durch den Kopf, finde die Situation aber dann so skurril, dass ich lachen muss. Die Musiker und das Publikum reagieren mit ebensolcher Erheiterung. Einer der beiden nimmt das Geld, lächelt, dankt und steckt es in seine Hosentasche. Es macht mich ein wenig traurig, dass es nur bei meiner Spende bleibt.

„Zeit für unseren zweiten Cocktail", ermuntere ich meine Tochter, während die blutrote Sonne langsam im Chiemsee versinkt. Wer möchte bei dieser musikalischen Untermalung und dieser Praline auf der Bühne denn jetzt schon heimgehen!

Mei Bankal am Sää z`Cheaming

Elisabeth Thielemann

Do hock i wieda, wo i oiwei hock!

A mein Bankal an Sää drunt.

D Sunn scheint un da Himmi is blau.

Millionen kloane Liachta tanzn aufn Wassa

un blitzn in meine Augn,

aba glei aso, da i direkt blend bi.

Zwoa Schwään, eddla Anterl un

Blessheendaln schwimman vorbei.

An Dampfasteeg legt da `Ludwig Fessler´ oo

un an Hauffa Leid steign aus sein Bauch,

andane wieda ei.

Kinda rennan umanand zun Eiswoogn hi.

Wia i s so schlecka sieg,

daats me aa glustn auf a Eis.

I stää auf un gää zun Andi sein Eiswogn hi.

Zwoa Kugln Fruchteis kaaf i ma

un grood guad is s.

Wia i wieda zu mein Bankal kimm,

hockan do pfeigrod scho fremde Leid.

Ja Greizbirnbaam!

Des is doo mei Bankal!

Woos soi i do gent andas doa,

wia mia an andan Plootz suacha.

I gää oowe,

a wengal ooseits vom Wegl

ganz nah aas Wassa,

hock me auf de Stoana un blinsl aufn Sää.

Staad werds in mia drin

un irgendwann san ma de Augn zuagfoin.

Aufgwacht bin i erscht,

wia scho olle Leid dahi warn

un mia a bissei koid worn is.

Nacha bin i wieda hi zu mein Bankal,

hoob eam no Pfiadi gsoogt

un bi hoam ganga.

Aba oans woaß i gwieß,

mei Bankerl siegt mi boid wieda

un bein naxtn Moi stää i nimma auf!

Unterwegs zwischen Berg und Tal

Durchfahrt im Chiemgau

Magdalena Reupold

Karl Friedrich musste dringend nach Salzburg, um dort an einer Besprechung teilzunehmen, die ihm seine Zukunft sichern sollte.

Er jagte von einem Termin zum anderen. Damit er rechtzeitig zum nächsten kam, fuhr er abends los, um Zeit zu sparen und morgens rechtzeitig an der Konferenz teilnehmen zu können. Diesmal fuhr er den Weg links am Chiemsee vorbei, im Glauben schneller zu sein. Er schaute auf die Uhr: „Was? Schon zweiundzwanzig Uhr! Im Hotel werden sie sicher schon auf mich warten."

Plötzlich lief ein Reh aus dem Wald. Blitzschnell trat Karl Friedrich auf die Bremse. Das Reh blieb zwar unbeschadet, aber das Auto rutschte mit dem Heck gegen einen Baum. Nachdem der Schreck etwas nachgelassen hatte, öffnete er vorsichtig die Autotür, um sich den Schaden anzusehen.

Da stand er nun, in einem Waldgebiet mitten im Chiemgau, das Handy im Gepäck im Kofferraum, der sich nicht mehr öffnen ließ. Er wartete eine Weile, ob vielleicht ein Auto vorbeikäme. Vergeblich. Es wurde kalt, und so machte er sich auf die Suche nach Hilfe. Der Gedanke, die Nacht im Freien zu verbringen, war wenig reizvoll. Wie er so ziellos in der Finsternis dahinging, entdeckte er einen Waldweg, beschildert mit dem Namen einer Gaststätte. Er bog ab, in der Hoffnung einen Schlafplatz zu finden. Seine Augen gewöhnten sich langsam an das Mondlicht, und er konnte ohne Problem dem Weg durch den Wald folgen.

„Da bin ich aber ordentlich vom Weg abgekommen! Und morgen erst… Wenn ich den Termin versäume… Das wird bestimmt Folgen haben. Mann o Mann. Was soll ich bloß machen?“

Schon von weitem sah er das Licht in den Fenstern. Erleichtert klopfte er an.

„Hier ist jetzt zu. Ich bin gerade dabei die Lichter zu löschen.“

„Ich bitte Sie, lassen Sie mich ein. Ich bin in einer Notlage“. Karl Friedrich schilderte sein Malheur.

„Kommen´s halt rein“, brummte der Alte in seinen Bart.

Sie setzten sich an einen großen runden Tisch. In der Mitte war ein Holzständer. `Stammtisch´ stand mit dicken Buchstaben eingebrannt. Der Wirt servierte einen Enzian-Schnaps. "Den kannst jetzt gut brauchen, nach dem Schreck. Prost! Ich bin der Max.“

Langsam löste sich bei Karl Friedrich die Spannung. Sei es durch den Schnaps oder durch die gegenseitige Sympathie. Sie gerieten in Plauderlaune.

„Warum hast es überhaupt so eilig gehabt?“ fragte Max.

Der späte Gast berichtete von der bevorstehenden Konferenz der Versicherungsvorstände und wie wichtig sie für seine Zukunft sein würde. Wohlweislich verschwieg er, dass er Klauseln in den Versicherungsverträgen einbringen wollte, die zum Nachteil der Versicherungsnehmer wären. Wie im Fall eines Sturmschadens, in dem keine Auszahlung wegen höherer Gewalt erfolgen sollte. Karl Friedrich erhoffte sich, mit dem Vorschlag eine Treppe höher in der Hierarchie der Vorstände klettern zu können.

Der alte Mann wiederum erzählte von seinen Sorgen in der Landwirtschaft, im Wirtshaus und von den Stürmen, die seinen Wald beschädigt hatten. Wie er mit den Versicherungen um Entschädigung ringen musste. Aber auch von seinen Leidenschaften als Bauer, Wirt und Jäger. „Das Leben hat halt nicht nur Sonnenstunden."

„So, jetzt ist es spät. Kannst dableiben. Ich zeig´ dir dein Zimmer."

Die ungewöhnliche Ruhe, das Gespräch mit dem Wirt und sein fehlendes Handy ließen Karl Friedrich nicht gleich einschlafen. Er drehte sich von einer Seite zur andern, bis ihn die Müdigkeit übermannte und er einen Traum träumte, der sein Leben verändern sollte.

Ich gehe bei Mondlicht einen Waldweg entlang. Der Weg gabelt sich. Links führt er in ein künstliches grelles Licht. Ich bin geblendet und halte meinen Arm vor die Augen. Hier wollte ich immer schon gehen, in die Welt des Luxus. Ich höre das Gelächter und Stimmen, die nach mir rufen. „Komm her. Hier bist du richtig. Hier warten deine Beförderung, Ansehen und Ruhm". Ich sehe joviales Schulterklopfen in der Ferne, vorgetäuschte Freundschaften. Aber auch kleine Personengruppen, die hinter vorgehaltener Hand flüstern. Mir wird kalt.

Ich entscheide mich, den rechten Weg zu nehmen. Er ist ruhig. Das Mondlicht scheint durch die Baumkronen. Manchmal durchbricht die schrille Musik des linken Weges die Stille. Sie stört. Ich verspüre keine Angst, im Gegenteil, ich fühle mich geborgen und sicher. Mit jedem Schritt fällt die Last meines alten Lebens von mir ab. Leichtigkeit kehrt ein. Keine Sorgen, kein Druck. Meine Sinne schärfen sich. Ich höre Vogelgezwitscher, das Rascheln des Laubes unter meinen Füssen, das Knacken des Geästes. Ich rieche das Moos und sogar Pilze. Und je weiter ich wandere, umso mehr spüre ich Freude, die vorhanden ist, ohne vorher Erfolg gehabt zu haben.

Auf meinem Weg treffe ich Max, den Wirt, der auf einem Baumstumpf sitzt. Ich setze mich zu ihm, und wir hören gemeinsam das Waldrauschen, das sich wie ein Flüstern anhört. „Wer ein Freund des Waldes sein kann, dem schenkt das Leben viel. Wer nur ein scheinbarer Freund ist, dem kann das Leben nichts schenken."

Der Waldbauer sieht mir in die Augen und fragt: „Ist dir die Klausel das alles wert? Ist die Versicherung unser Freund – oder nur ein scheinbarer?"
Da höre ich mich sagen: „Ich kenne die Gesetze, es liegt an mir, ob die Versicherung ein Freund ist. Ich kann sie zum Guten oder zum Schlechten gestalten. Bisher wollte ich Karriere machen und ganz oben mitschwimmen, aber das ist nicht mein Weg. Ich möchte ein Freund sein!"

Am Morgen wachte Karl Friedrich ohne Eile auf. Er frühstückte noch ausgiebig mit Max und kümmerte sich in Ruhe um sein defektes Auto. Das Leben kann so einfach sein!

Ein kleines Stück vom Paradies

Josef Stadler

Seit ich mir vor zwei Jahren ein E-Bike zugelegt habe, bin ich relativ oft rund um Traunstein, meiner Heimatstadt, unterwegs. Was mir an diesen Radtouren echt Spaß macht, ist die Entdeckung von abseitig gelegenen Feld- und Waldwegen in der näheren Umgebung der Stadt, die ich ohne das Elektroradl niemals befahren hätte. Auf diese Weise habe ich schon zahlreiche Entdeckungen gemacht, d.h. ich bin in Reviere und an Orte gekommen, die oft genug nur wenige Kilometer von meiner Wohnung gelegen sind, in denen ich aber vorher noch nie gewesen bin, und genau das ist für mich wirklich interessant. Schon als kleiner Bub war ich oft mit den Eltern und meinen beiden Schwestern zu Fuß oder mit dem Radl in Wald und Feld unterwegs gewesen.

So war ich im Mai 2020 wieder mal mit dem E-Bike auf Tour. An einem sonnigen Sonntagnachmittag, nach einem kurzen Mittagsschläfchen, hatte ich mich aufgemacht. Ich hatte meine Radlerkluft an, und ein kleiner Rucksack war im Gepäckträger eingeklemmt, darin eine Thermosflasche mit Kaffee und ein Nussbeugerl, auch eine Flasche Wasser.

Ich radelte über Haslach hinunter zur Traun, an ihr entlang zum Volksfestplatz und hinauf durch den Bürgerwald in Richtung Abstreit. Nur ganz wenige Autos waren auf der schmalen Teerstraße unterwegs, auch nicht viele andere Radler. Ich hatte es nicht eilig. Ich machte auch immer wieder kurze Stopps, um mir ein paar schöne Blumen am Straßenrand anzusehen oder das Muster auf der Straße zu betrachten, dass die Sonne durch das Geäst der Bäume erzeugte, oder eine Kröte hüpfte über den Weg, oder ich schaute über die blumigen Wiesen auf den Hochstaufen, den Zwiesel oder den Zinnkopf. Nach Abstreit ließ ich das Rad hinunter nach Pattenau rollen. Dort führt eine kleine Unterführung unter der Autobahn hindurch und gleich danach hinauf zur Straße zwischen Siegsdorf und Neukirchen. Nach etwa einem Kilometer war ich schon im Ort Vogling, und von dort geht es dann in einem weiten Bogen hinauf ins Feriendorf Vorauf. Für so eine aufsteigende Strecke ist ein E-Bike ideal. Oben in Vorauf strampelte ich dann westwärts in Richtung Siegsdorf. Ein Wegweiser zeigt nach St. Johann, und ein schmales Sträßchen – nur für landwirtschaftlichen Verkehr freigegeben – führt in diese Richtung.

Ungefähr fünfhundert Meter nach Vorauf kommt man an einem kleinen Waldstück vorbei, dahinter steht ein größerer Geräteschuppen. „Da kannst jetzt mal kurz austreten". Ich stieg also vom Radl, schob es ein kleines Stück bis zu den ersten Bäumen. Danach schaute ich mich genauer um und sah nun nicht weit entfernt am Rande des Wäldchens, im Schatten einiger Eichen, einen ziemlich verwitterten, hölzernen Tisch und eine Bank, stehen. Der ideale Platz zum Brotzeit machen! Ich holte also die Thermosflasche und das Gebäck aus dem Rucksack und machte es mir auf der Bank bequem. Ich genoss den Kaffee und noch viel mehr die sagenhafte Aussicht. Rechter Hand ist der Hochberg zu sehen, unten im Tal ein kurzes Stück der Autobahn, von der aber so gut wie kein Geräusch heraufdringt. Direkt vor der Bank ist eine wunderbare Wiese, ein paar Hausdächer von St. Johann sind dahinter zu sehen. Links liegt der bewaldete Wolfsberg, und weit hinten hat man bei klarem Himmel Sicht auf den Hochfelln, Hochgern bis hin zur Kampenwand. Es ist ein phantastischer Ausblick auf diesen Teil des Chiemgaus.

Seit ich diesen Platz entdeckt habe, war ich mindestens schon ein dutzendmal wieder dort, und jedes Mal bin ich erneut begeistert. Je nach Wetterlage sieht die Landschaft anders aus. Das Heran- und Vorbeiziehen der Wolken zu beobachten ist großartig. Es ist auch immer herrlich ruhig, und ich habe bis jetzt auch noch nie andere Leute dort angetroffen. Ich hoffe, dass das bei meinen zukünftigen Besuchen so bleibt.

Für mich ist dieser Ort ein kleines Stück vom Paradies!

Abseits vom großen Reiseweg der Touristenströme um den Chiemsee herum und auf den Bergen schauten sich zwei Chiemgauer Autorinnen in einer anderen Region um und erlebten die Bahnstrecke Traunstein-Ruhpolding: Anni Stiegler und Uta Grabmüller schrieben als Tandem, aber jede auf ihre Weise. Hier ihre doppelte Reiseerfahrung.

Bahnland Bayern – Zeit für dich

Anni Stiegler

Dass ich Ruhpolding nicht richtig ausgesprochen habe, ein echter Fauxpas.
«Das heißt nicht RUPOLLDING mit der Betonung auf «Pol», sondern Ruhpolding.»

Von Traunstein nach Ruhpolding also, mein holiday-train mit Weber-C-Fraktur-Orthese in der Südostbayernbahn. Der Zugbegleiter geht durch den Mittelgang, wie unser Lehrer früher. Die braven Schüler halten die Fahrausweise bereit. Ein Kopfnicken bedeutet: «Okay!» Bekannte Gesichter, da genügt ein Blick. Mein Bayern Ticket betrachtet er genau. «Gute Reise!»

Die letzten Schneereste tauen dahin. Komisch, Männer im Anzug schlagen gleich ihren Laptop auf, um zu arbeiten. Die Fahrt bis Ruhpolding dauert nur

84

zwanzig Minuten. Er tippt los. Rechts und links Blicke in die Natur zum Aufatmen. Sagt ihm ja niemand.

Grün zeigen sich zuallererst die Wiesenflächen. Sonne bricht durch die zerrissene Wolkendecke. Hinter den Glasfenstern der Gewächshäuser blühen Frühlingsboten. Nächste Haltestelle Seiboldsdorf. Der Zug ruckelt ein bisschen auf der eingleisigen Strecke. Weitere Fahrgäste steigen ein. Vater und Sohn? Der Bub trägt die Tüte. Dehner Gartencenter lese ich. Ein Wochenendpapa, so wie es aussieht. Als sie sitzen, bringt der Vater eine durchsichtige wassergefüllte Plastikblase mit munter schwimmenden Fischen zum Vorschein. Hoffentlich hält das Behältnis. Ich sehe die Neons und Barben schon im Trockenen auf den blauen Sitzplätzen nach Luft schnappen. Der Bub beäugt grinsend das lebhafte Treiben. Aber bald verschwindet alles wieder sicher in der Dehnertüte. Alles ist gut.

Die Häuser in Traundorf stehen dicht an der Bahn, hübsche eingeschossige Einfamilienhäuser. Bald werden die Gärten bepflanzt. Wie hoch hier wohl die Scheidungsrate ist? Rechts und links sehe ich Laubbäume, kahl, die Tannen und Kiefern in wintermattem Grün.

Siegsdorf schon! Seit sie eingestiegen ist, beobachtet mich eine junge recht füllige Dame. Sie sitzt mir gegenüber, deutet auf meinen Fuß. «Hattest du einen Unfall?» Ich nicke. Eigentlich will ich kein Gespräch. Doch ich antworte, weil sie mich so nett anstrahlt: «Ja, ich bin gestürzt.»

«War dein Fuß gebrochen?»

«Ja!»

«Mich hat's in der Arbeit hing'haut. Da kam der Sanka. Mein Fuß war ganz dick.«

«Das war sicher schlimm!», pflichte ich ihr bei. Mir fällt ein, dass es hier irgendwo eine Lebenshilfewerkstatt geben soll. «Ja, aber tut nicht mehr weh.» Und dann steht sie auf, verabschiedet sie sich: «Pfiat di!»

«Tschüss!»

Sternenstaub Kristalle Ausstellung, Datum und Ort der Veranstaltung kann ich nicht erkennen.

Lagerhaus lese ich, denke an die Bauern, den Geruch und die feuchte Wärme in den Ställen und wie gern ich im Urlaub frische Kuhmilch geholt habe. Der Zug hält. Warum auf freier Strecke? «Bedarfshaltestelle - wir halten auf Wunsch!»

Man soll die Ruftaste betätigen oder dem Triebwagenführer Bescheid geben, erfährt man auf einem Schild beim Betreten des Zuges. Ist hier so ein Bedarfshaltepunkt?

An der rückwärtigen weißen Mauer einer Lagerhalle steht ein Arbeiter breitbeinig. «Wasser abschlagen nennt man das!»

Der Zug fährt weiter. Auf dem Weg entlang der Bahnstrecke sind Wanderer unterwegs.

Höpfling! Langsam lichtet sich das Tal und gibt einen Blick auf die schneebedeckten Berge frei. Vielleicht schon im Sommer werde ich diesen Weg durch das Trauntal entlang der weißen Traun gehen. An der Schranke wartet ein Radfahrer.

Ein Hund zerrt an der Leine seines Frauchens. Wir überqueren eine Eisenbrücke. Der Zugbegleiter hat nichts mehr zu tun.

Eisenärzt. Ich erinnere mich, dass ich vom Zinnkopf einen weiten Blick bis auf den Chiemsee hatte.

Bibelöd einladend, gemütlich. Hier möchte ich einmal aussteigen, ohne Orthese. Und jetzt sehe ich schon Hochfelln und Hochgern. Irgendwo dahinter ahne ich das Steinerne Meer. Ohne Coronapandemie wären hier Sportler auf dem Weg ins Biathlon-Stadion. Überall wehen internationale Fahnen und drop flags mit Werbung im Wind.

Ruhpolding, aussteigen. Ein Foto noch vom Bahnhofsgebäude. Und ein Foto vom Zug. Der Triebwagenfahrer, jetzt schaut er heraus aus seinem Führerhausfenster. Den hatte ich mir anders vorgestellt. Nicht so wie einen Lufthansa-Piloten, bei dessen Anblick es einem den Atem verschlägt. Ein Mann in Enzianblau mit strahlend jungem Lachen. »Wieso fotografieren Sie meinen Zug?« Er scheint außerordentlich stolz auf seinen sauber glänzenden signalroten Wagen. Wie jemand, der, als der Besitz eines Fahrzeugs noch etwas Besonderes war, seine frisch polierte Karosse präsentiert. Ich wollte nur das Schild fotografieren. Einen blauweiß mit Rauten verzierten Hinweis: «Wir fahren für das Bahnland Bayern - Zeit für Dich.»

11,67 km Chiemgau vom Feinsten

Uta Grabmüller

Ebenso geruhsam wie elegant schlängeln sich die Züge der Südostbayernbahn auf der eingleisigen elektrifizierten Strecke vom Startbahnhof Ruhpolding entlang des malerischen Flüsschens Traun nach Norden in Richtung Traunstein, dem „Hauptbahnhof des Chiemgaus". Mehrfach überqueren die Triebwagen den Flusslauf. Bei dem beschaulichen Fahrtempo lassen sich die Pflanzenwelt und Tiere gut beobachten. Da! Ist das nicht ein Biber?

Die Trasse führt von Ruhpolding über Bibelöd, Eisenärzt, Höpfling, Siegsdorf, Traunsdorf, Seiboldsdorf und Traunstein. In der Werbung heißt es: „Sobald Sie an Bord sind, können Sie sich zurücklehnen und entspannen, denn auf Ihrem Weg nach Traunstein sind keine Umzüge vorzunehmen." Welch ein Komfort. Die Fahrt dauert mindestens 23 Minuten. Doch denken Sie dran: Es gibt im Zug nur 2. Klasse! Die einfache Fahrt kostet 4,70 €. An schulfreien Tagen ist Fahrradmitnahme möglich. Das Fahrrad kostet nichts.

Obacht! Bedarfshalt in Bibelöd, Höpfling, Traundorf und Seiboldsdorf – dort hält der Zug nur auf Verlangen: „Bitte informieren Sie rechtzeitig unseren Triebfahrzeugführer, wenn Sie an diesen Bahnhöfen aussteigen wollen." Dafür ist die Sprechtaste zu bedienen. Aber sprechen können Sie damit nicht.

Eine gute Nachricht: Ab 11. Dezember 2022 wird die Strecke von der Bayrischen Oberlandbahn bedient. Dabei werden zwei dreiteilige „Flirt 3" zum Einsatz kommen. Was will man mehr?

Und das Abenteuer nimmt kein Ende. Ab Traunstein können Sie wählen: bei Bedarf Weiterfahrt nach Paris z. B. mit IC, RE, TGV (zweimaliges Umsteigen: in Heidelberg und Mannheim), Abfahrt 8:25 Uhr, Ankunft Gare de l'Est 16:55 Uhr.

Oder wenn Sie Sa./So. den letzten Zug (Ruhpolding ab 22:43 Uhr) nehmen, der um 23:06 Uhr in Traunstein ankommt, dann können Sie den Anschlusszug zur Weiterfahrt nach Athen erreichen, nämlich mit BRB, NJ, FR, FA, SCHIFF, BUS, R (sechsmaliges Umsteigen in Salzburg, Venedig, Rom, Bari Hafen, Patras Hafen, Kiato), Abfahrt 00:11 Uhr, Ankunft am Folgetag 17:17 Uhr; Reisedauer 40 Stunden.

Gute Fahrt!

Die Bienen von Neuling

Uta Grabmüller

Zwischen Einham und Wörglham südwestlich vom Traunstein liegt Neuling. Dort steht, bunt bemalt, ein Bienenhaus, ausgerichtet nach Süden.

Das müsst ihr euch mal vorstellen: Die Bienen haben einen wunderbaren Ausblick auf das ganze Panorama der Chiemgauer Alpen! Toll. Der Blick reicht hin bis zum Wendelstein im Westen und zu den Reichenhaller Bergen im Osten. An einem strahlend sonnigen Februartag mit einem starken Himmel in Kupfersulfatblau wie heute ist das ein herrlicher Anblick. Er ist Luxus.

Ich stelle mir vor, wie bei steigenden Temperaturen im Frühling die Bienen wieder aus dem Neulinger Bienenhaus herausstolpern, Beine und Flügel mit Pilates-Übungen in Dehnung und Schwung bringen, sich eifrig die Fühler putzen und sich neugierig, wenn auch noch ein wenig träge, umsehen.

Da erkennen sie es wieder, dieses Panorama. Sie sehen die Berge, vielleicht noch mit kleinen weißen Spitzen. Dann – so stelle ich es mir vor – ahnen sie die grünenden Wiesen. Sie erinnern sich an die Weiden, den Waldrand, die Bäume, den Bachlauf, die Feldränder mit ihren Kräutern und Sommerblumen. An die Vielfalt von Gerüchen und Farben. Ich glaube, die Bienen spüren, was der

Sommer bringen wird. Und sie schwirren los. Sie werden Tannen, Fichten, Ahornbäume, Kastanien, Eichen und Linden aufsuchen und die Blüten von Raps, Löwenzahn und Klee bestürmen, den Pollen an schwer bepackten Hinterbeinchen in den Stock tragen und daraus Honig zaubern.

Und was wird dieser Honig aus Neuling dann nicht alles in sich tragen! Den Wendelstein im Westen und die Reichenhaller Berge im Osten. Und den Duft von Raps, Löwenzahn und Klee und von Tannen, Fichten, Ahornbäumen, Kastanien, Eichen und Linden.

Das alles fällt mir heute ein an diesem strahlend sonnigen Februartag mit einem starken Himmel in Kupfersulfatblau. Und ich spüre schon den Geschmack des Honigs dieses Chiemgauer Sommers auf der Zunge.

Der Wunschfelsen

Ina May

Eine seltsame Frage, und damit kam sie ausgerechnet zu ihm, einem katholischen Pfarrer.

Nicht genug, dass die alte Frau Bernhard ihre Seele jede Woche in seinem Beichtstuhl erleichtern musste, jetzt forderte sie auch noch einen letzten Gefallen. Er durfte sicher sein, der letzte war das nicht; es hatte schon einige *letzte* gegeben.

Wenn er schnaufte, wie sollte das erst der Herrgott finden? Seinem Vorgänger hatte sie es nicht aufhalsen wollen, aber bei ihm gab es da weniger Bedenken. Timotheus Wiesner trug bloß einen alten Namen, der Mann mit dem römischen Kragen war fünfunddreißig. Er hatte gestutzt, Liesl Bernhard, nicht gut zu Fuß, aber halsstarrig, wollte, dass er mit ihr zur kleinen Kapelle Maria Klobenstein wanderte.

»Ich wünsche mir etwas ganz innig, und du musst mit, Herr Pfarrer.« Es klang nach einer beschlossenen Sache. »Weil, wenn du dabei bist, dann kann man mir den Wunsch auch nicht abschlagen, gell?« Sie machte es sich einfach. Plan B. Ihr ging es nicht darum, ihren Wunsch der Gottesmutter vorzutragen, das hätte sie leichter in seiner Kirche gekonnt.

»Heilige Maria!«, hatte Tim gesagt. Es war ein ehemaliger Schmugglerweg, der über Hügel und Täler, durch Wälder, über Stege und Bäche führte. Schließlich querte eine Hängebrücke die Ache über die Entenlochklamm.

Frau Bernhard musste um die achtzig sein. Ging es ihr eigentlich darum, durch den Felsspalt, den `geklobenen Stein´ zu schlüpfen und sich ihren Wunsch zu denken?

Der Legende nach hatte ein altes Mütterchen Holz gesammelt, als es einen großen Felsbrocken auf sich zurollen sah. In ihrer Not rief sie die Gottesmutter um Hilfe an, fand Gehör, und der Fels wurde über dem Kopf der alten Frau gespalten. Gelänge dem Wanderer das Durchschlüpfen, ohne die steinernen Wände zu berühren, würde ihm ein Wunsch gewährt. Aber: Es dürfe kein materieller sein.

Jetzt brauchte er eine Idee, wie er Frau Bernhard und ihren Herzenswunsch dort hinaufschaffen sollte. Wenigstens war sie schlank, sonst hingen sie am nächsten Problem fest.

»Worüber grübelst du?«, fragte seine Schwester und lachte Tim an. In Mutters gemütlicher Küche hatten sie über so manche Angelegenheit geredet, diesmal …

»Leni, eine Hälfte wurde mir in der Beichte anvertraut«, sagte er.

»Bleibt die andere Hälfte«, warf Leni ein.

Tim erklärte ihr, worum es ging. »Ich sollte besser mal eine Lösung haben.«

»Das ist einfach«, meinte Leni. »Du lädst deine Gemeinde ein. Eine Wanderung zum Klobenstein. Da gibts auch einen Gasthof und hey, wer kann von sich sagen, dass er sich nichts wünscht?« Sie zwinkerte. »Es fällt doch unter praktizierende christliche Nächstenliebe, wenn du darum bittest, ob ihr euch mit dem Tragen dieser älteren Dame abwechseln könnt. Starke Männer im Glauben oder so.«

Tragen. Er verzog er das Gesicht. Da könnte er einen Rat gut gebrauchen. Wenn der Herrgott ihn gab, dann war der nicht kostenlos, doch ihm genügte im Gegenzug meist eine gute Tat.

Als Tim sich an diesem Abend aus der knienden Position vor dem Altar erhob, hatte er ihn bekommen, den Rat.

Drei Tage später trafen sich die Wanderer auf dem Parkplatz in Ettenhausen. Der Rudi hatte umgesetzt, wie es der Pfarrer unter dem Kreuz gehört hatte (was er für sich behielt, weil er die Neigung zur wundersamen Übertreibung einiger Dorfbewohner kannte).

Kraxen waren auf dem Schmugglerweg ein altbekanntes Transportmittel für Waren; diese hatte der findige Rudi, der Korbwaren anbot, so verändert, dass man darauf sitzen konnte. Starke Schultern würden die reißfesten Gurte tragen, wie bei einem Rucksack. Jetzt stellte sich nur noch die Frage, WER bot sich an, die Schlepperei zu übernehmen?

Frau Bernhard klatschte in die Hände. »Ein Wunder«, rief sie aus. Sie würde anders denken, wenn ihr am Ende das ganze Gestell wehtat. Tim schlug vor, die erste Steigung des Weges zu übernehmen.

»Na«, schüttelte der Daxenberger mit dem Kopf. »Hochwürden is a Krischperl. Du hebst da no an Bruch.«

So freundlich hatte man Herrn Pfarrer selten ausgeschlossen. Der Daxenberger war ein Bär von einem Mann. Wenigstens hatte er Verpflegung eingepackt. Das Wetter war fabelhaft, am blauen Himmel nur kleine Wolken, aufgetragen wie Tupfen.

Herrn Pfarrers gute Tat bestand darin, Liesl Bernhard zu unterhalten, die ausgelassen im Rücken des Bauern schaukelte.

Die Stimmen der Wanderer hallten durch den Wald. Der Fluss rauschte, ein Rehbock spitzte hinter einem Baum hervor. Schneller als erwartet kamen sie zum gespaltenen Felsen, der aussah, als hätte ihn eine schnittige Axt entzweit. »Mir san do«, unterrichtete der Bauer sie, und Herr Pfarrer half Frau Bernhard von ihrem Hochsitz.

Prompt kam die Erinnerung von irgendwo aus der Gruppe, den Wunsch für sich zu behalten. Liesl Bernhard reckte das Kinn, lockerte die Schultern, besah sich die Lage, drückte beide Hände an den Bauch. Nickte. »Was bin ich aufgeregt«, erklärte sie.

»Wie wollen Sie nachher wissen, dass ihr Wunsch sich erfüllt hat?«, fragte ein junges Mädchen.

»Das weiß ich sicher, weil es das Nachher nur dann gibt, wenn er sich erfüllt«, gab Frau Bernhard zurück. Tim sah sie schlucken, dann tappte sie vorsichtig durch den Spalt zwischen den Felsen.

»Geschafft!«, schrie Liesl Bernhard, und Timotheus Wiesner dachte sich, wo ein Wille ist, ist auch ein Weg.

Nur eine Woche später las er im *Traunsteiner Tagblatt*, dass Albert Bernhards sterbliche Überreste, der zu den Vermissten im Zweiten Weltkrieg gehörte, endlich gefunden worden waren. In der Verdonschlucht.

Nur eine Woche und einen Tag später saß Frau Bernhard ihm gegenüber im Beichtstuhl. Was konnte sie innerhalb der kurzen Zeit verbrochen haben, fragte sich Herr Pfarrer.

»Ich habe gesündigt«, begann sie. »Es war gelogen, ich bin nämlich gestolpert und habe beim Durchschlüpfen den Felsen berührt.«

Eine Lüge, die einen glücklichen Ausgang genommen hatte. Er trug ihr keine Gebete auf, er wollte von ihr, dass sie sich überlegte, für wen sie etwas Gutes tun konnte.

Zum Burg Café

Reinhold Schneider

So fahr ich heut nach Marquartstein,
Zum Burg Cafe, dies ganz allein,
Weil's dort die guten Kuchen gibt,
In diese bin ich ganz verliebt.

Der Himmel und die Wolken sind
Mir hold, bin heut des Glückes Kind.
So fahr ich flott, es rinnt der Schweiß,
Das macht mir nichts, bin ja kein Greis.

Denn schließlich hab ich doch ein Ziel,
Der selbst gemachten Kuchen viel.
Ich seh sie vor mir, Sahne lacht,
Kann's kaum erwarten, diese Pracht.

Dann komm ich an, was muss ich seh'n,
Mein starrer Blick, mein leises Flehn.
Ich kann die Augen nur verdreh'n
Wir haben zu: auf Wiederseh'n.

Am rechten Weg

Brigitte Geretschläger

Ich möchte eine Geschichte schreiben. Eine mit Qualität. Ich kann es nicht. Es mangelt mir an Können. Ich bin versucht, gar nicht mehr zu schreiben. Halbe Sachen liegen mir nicht. Es gibt zu viele mittelmäßige Texte. Seichte, ohne Aussage. Die Welt kann auf einen mehr gut verzichten. Dennoch treibt es mich zum Computer. Auf ein Neues, nur für mich, weil es mir Spaß macht. Ich schreibe los, ohne über Wortwiederholungen, Grammatik oder Stil nachzudenken.

Ich bin nicht sportlich, muss mich aber etwas bewegen, sagt mein Arzt. Mir fällt auf, dass ich nirgends gut bin, nicht im Schreiben, nicht im Sport. Er empfiehlt mir den Benediktweg. Wenigstens eine Etappe, zu Fuß oder mit dem Fahrrad. Ich fahre mit dem Rad von Traunstein zum Chiemsee. Der Weg ist nach dem Papst benannt, der keiner mehr sein will und dennoch einer ist. Man kann als Papst nicht einfach so kündigen, wenn man nicht mehr will. Da muss man schon sterben. Alles hat seinen Preis. Jetzt haben wir zwei. Ist aber nichts Neues, hatten wir schon mal. 1378 einen in Rom, den anderen in Avignon.

In der Ferne sehe ich im Süden das Kloster Maria Eck, in dem vor gar nicht allzu langer Zeit ein Jugendlicher von einem Pater sexuell missbraucht wurde. Der

Orden versprach Konsequenzen. Ein Lippenbekenntnis. Er tat es wieder. Dabei heißt es im zehnten Gebot: Du sollst nicht begehren deines Nächsten Weib, Knecht, Magd, Vieh noch alles, was dein Nächster hat. So hat sich Gott bestimmt nicht christliche Nächstenliebe vorgestellt.

Eine leichte Steigung. Für mich trotz Gangschaltung anstrengend. Mein Puls steigt, ich schwitze. Und das soll Spaß machen? Der Weg Benedikts zeigt mir meine Schwächen auf. Aber nicht nur meine, auch die der Kirche. Also doch ein Pilgerweg. Ich habe keinen Blick für die Schönheit der Umgebung, bin viel zu konzentriert, die vorgenommenen Kilometer zu erreichen. Was gäbe ich für das Papstbier in der Vitrine des aufgelassenen Gasthauses. Ob der Benedikt schon mal einen Rausch gehabt hat? Sicher nicht. Der hätte das gar nicht dürfen, trinken und so. Sonst wäre der Ratzinger nicht Papst geworden. Oder?

Nach der Anstrengung mache ich einen kurzen Stopp bei einem Kirchlein. Auf der Tafel steht Sondermoning. Ich setze mich auf die Bank und esse meine Banane, wegen des Magnesiums.

Wieder haben sich Pfarrer an Jungs vergriffen, aber woanders. Diesmal nicht im Kloster Maria Eck. Benedikt stritt ab, davon gewusst zu haben. Ein Papst, der lügt? Er wird es halt vergessen haben, mit seinen 94 Jahren. Später ist es ihm doch wieder eingefallen. Gott sei gedankt! Aber den Buben hilft das jetzt auch nicht mehr.

Ich steige auf mein Fahrrad. Folge der Beschilderung zum Ostufer des Chiemsees. Ich frage mich, ob ich weiterhin an Gott glauben kann, wenn sein Bodenpersonal so schwächelt.

Ich denke nach, intensiv. Übersehe eine Tafel und komme vom Weg ab. Ich schmunzle. Der Papst und ich abseits des Weges mitten im Chiemgau.
Ja, ich glaube an Gott. Denn nur wer frei ist von Schuld, der werfe den ersten Stein.

So, der Text ist geschrieben. Ob er Ihnen gefällt, ist egal, denn einer meiner Lehrer hatte mal gesagt, man sollte entweder der Beste oder der Schlechteste sein, Mittelmaß gibt es im Überfluss.

Föhn im Chiemgau

Karl Heinz Austermayer

Da Föhn, der kehrt an Himmi aus
und i mua aus mei'm Zimmer naus,
naus an an See oder auf an Berg,
des lockt mi, wia a Meisterwerk!

Da Chiemgau is so herrlich und schee,
ma wui ganz sicher nia - woanders hi'geh,
wer do leb'n derf - des is ganz g'wiss,
mua wiss'n, dass er a Glückskind is'.

Ob klare Berg' - ob blaue Seen,
ma kon do oft vor Traumbuild'n steh'n,
vom Chiemseestrand - zum Alpenrand,
spürt ma glei' - de Gotteshand!

As große Ärgernis

Karl Heinz Austermayer

Gehst amoi im Chiemgau g'müatlich spazier'n,
kon da schnell was Saublöd's passier'n,
du tret'st ganz plötzlich in an Hundedreck nei
und mit da G'müatlichkeit is dann auf'n Schlag vorbei,
du schimpfst auf de Hundehalter und kriagst an Frust
und vorlierst am Tag sofort de Lust,
deine Schuah stingan und san voller G'schieß
und dei Stimmung is ab sofort – nur no mies – denn:

Hundsdreck hier – Hundsdreck dort
Hundescheiß an jedem Ort …

In da Stadt' kon ma oft nimmer auf'n Gehsteig geh'n,
weil dort ganze Häufen von Hundsdreck steh'n,
wenn ma do net aufpasst und genau schaut,
kon's schnell sei', dass de über oan d'rüber haut,

A zwischen de Autos mua ma guat aufpass'n,
weil's a do ganz gern earnerne Häuferl hinterlass'n
und tragt ma den Dreck dann ins Auto rei',
is mit'n Wohlgeruch im Fahrzeug ganz schnell vorbei,
ma bringt den G'stank fast nimmer naus
und mit da Toleranz für d'Hundehalter is dann aus.

Hundscheiße – überall
des is schlimm – auf jeden Fall...

B'sonders schlimm is, wenn's amoi schneibt,
weil da Dreck unter'n Schnee verborgen bleibt,
so denkt se mancher, iatz segt man net den Hundedreck
und deshalb ram'tn dann erst recht koaner mehr weg,
erst wenn's dann taut, kon ma's wieder o'schau'n
und ma duat fast seine Augen nimmer trau'n,
oa Hauf'n nach'n andern liegt dann am Wegesrand do,
i woaß net, warum ma des net wegrama ko.

Hundsdreck links und rechts – wohi'st grod schaust,
koa Wunder, wenn da do dann graust....

Mit de Hund und earnerne Halter is des net oiwei schön,
dass de Hund scheißen, is eigentlich net des Problem,
doch das de Halter den Dreck dann liegen lassen,
kinan vui Leit oafach net fassen,
manchmoi doan'sen scho no in de g'schenkten Tüterl nei,
aber dann san doch tatsächlich manche so frei
und schmeißen de roten oder schwarzen Sackerl an Wegrand hi,
i sag' eich oan's – do vergeht's oan irgendwie,
des macht de Leit' so richtig grantig und ärgerlich
und ma frogt se: „Wos denkan se de Hundshalter eigentlich?
Wer macht des sauber – ra'mt des weg,
is de Allgemeinheit zuständig für den Dreck?"

Hundsdreck stinkt und Hundsdreck stört,
wenn er nimmer weggra'mt werd' ...

A de liaben Pferdereiter
reiten oiwei g'müatlich weiter,
wenn de Ross' de Ball'n fall'n lass'n,
liegt da schnell a großer Haufen auf da Straß'n,

i hob' no nia g'seng, dass do oaner obasteigt

und schaut, dass da Weg a sauber bleibt,

des dat earner aber guat zu Gesichte steh'n,

a wenn's net so vui von earner duat geb'n.

Denn - Pferdemist auf Wegen und Straßen

duat genau so wenig – wia Hundsdreck passen!

Drum appelier' i iatz an de Viecherhalterei:

Ihr - seid's verantwortlich für de Schweinerei,

weil ma des a de Viecher ja net vorwerfa ko,

aber an Herrle oder Fraule ganz sicher scho,

ra'mts halt den Dreck von eicherne Lieblinge selber weg,

auf andere vo'lass'n – hat oafach koan Zweck,

do müsssts ihr scho selber handeln,

ma derf d'Umwelt doch net a so vo'schandeln,

wenn des klappt, duat's a nimmer - so vui Zwietracht geb'n

und ma kon glücklich und friedlich – nebeneinander leb'n.

Da Nordic-Walker

Karl Heinz Austermayer

I bin a Nordic-Walker,
dua net grod in da Stub'n drinhocka,
i mach' mi damit richtig fit
und mei' Weibi duat do a glei mit.

Der Sport is bei manchen a bisserl verpönt
und ma werd deshalb a ab und zu verhöhnt:
„Brauchst du ebban Stecka zum Gradaus geh'?"
Oder: „Host du deine Ski verlor'n im Schnee?"

Doch Walken is a herrlicher Sport,
den ma betreib'n ko an jedem Ort,
ob im Park, auf'n Berg oder an an See,
im Chiemgau kon'st überoi zum Walken geh'!

Drum raff' di auf und mach' doch mit,
des macht di wirklich richtig fit,
du duast dann schnell wieder zu de „Schlanken" g'hör'n,
de andern kinan ruhig no dicker werd'n!

Plädoyer in Sachen Wolf

Hans Peter Kreuzer

In Traunstein im Gerichtssaal Vier
Wird heut` in Sachen Wolf verhandelt.
Der Angeklagte ist ein Tier,
Das unbefugt durch Wälder wandelt.

Am Richtertisch sitzt in der Mitte,
Wie eine Eule auf dem Ast,
Der Präsident nach alter Sitte.
Man sieht ihm an des Amtes Last.

Da es ein Fall ist von Gewicht,
Wirken auch zwei Schöffen mit.
Der eine schläft, der andre nicht.
Entscheidend ist: Sie sind zu Dritt.

Der Wolf wird vorgeführt in Ketten.
Es hat die Haft an ihm gezehrt.
Im Gerichtssaal laufen Wetten,
Ob mit Erfolg der Wolf sich wehrt.

Der Wolf, so sagt der Staatsanwalt,
Verdient die Todesstrafe.
Ein Mörder sei er - und eiskalt,
Nieder metzle er die Schafe.

Es müsse das Gesetz uns schützen,
Und schützen müsse es die Herden,
Die wiederum den Menschen nützen.
Der Chiemgau müsse wolfsfrei werden.

Im Gerichtssaal rufen Leute:
„Tod dem Wolf. Lasst ihn verrecken,
Sonst seid morgen ihr die Beute.
Euer Blut wird er dann lecken."

„Ruhe!“ ruft der Präsident,
„Sonst lass` ich den Gerichtssaal räumen.“
Der Schöffe hat den Krach verpennt.
Er zog es vor, zu träumen.

Bevor ein Urteil wird gesprochen,
Soll sich nun auch der Wolf erklären.
„Ich hungere oft über Wochen“,
sagt der und fügt hinzu: "Auch ich muss mich ernähren.“
„Versetzt euch doch in meine Lage,
Auch ihr habt Mütter, Väter, seid ein Kind gewesen,
Hattet Durst und Hunger alle Tage
Und hofftet, wenn ihr krank ward, zu genesen.“
Ich klage euch nicht an, weil ihr — vor allem zum Genuss —
Tiere in engen Ställen züchtet, schlachtet und verzehrt.
Doch denkt daran, bevor ihr mich verurteilt und ich sterben muss,
Der Wolf kennt Hunger, keine Gier; der Mensch ist ´s, der die Ordnung stört.
Ich fordere Gerechtigkeit,
Respekt vor jeder Kreatur.
Wann endlich ist der Mensch soweit,
Wirklich zu schützen die Natur.“

In Traunstein im Gerichtssaal Vier,

Da wird es still, der Richter spricht.

Freizulassen sei das Tier,

Es töten - nein, das gehe nicht.

***

EPILOG

Der Tiere grausames Naturgesetz

Ist Fressen und gefressen werden.

Unrecht kennt der Stärk`re nicht.

‚Moralisch handeln‘ gilt als Menschensache.

Dass ich nicht lache!

***

Opa, bleib noh a bissl do

Michael Inneberger

Mach koan Schmarrn,
mia ham heid noh wos Bessers vua,
lass uns noh a moi z´samm wos dua.

Lass uns in d´Schwammerl geh,
vielleicht segn mia noh a Reh.
Opa, du host mia sovui zoagt im Woid,
und Wichtigs beibrocht üba d´Waid.

Z´samm worn mia unterwegs im Lebm,
ham uns Halt einander gebm.
Geld war unwichtig zum Glücklichsein,
mit dir woar i nie allein.

Opa, bleib noh bissl bei mir,
i mecht noh sovui wissen vo dir.
Wos hoast du gmocht ois kloanes Kind?
Host du Drachen steigen lassen im stoarken Wind?
Host Du dein Opa a so liab g´habt wia i mein?
Warum muas des Lebm so schnoi zu Ende sein?
I mecht mit dir noh lang beinanda bleim.

Opa, mach koan Schmarrn,
mia ham heid noh woa Bessers vua,
lass uns noh a moi z´samm wos dua.

Geh heid ned, jetzt wo olles draußen bliaht,
i woaß, es is hart und du bist so miad.
Geh mit raus und mia legn uns z´samm in d´Wiesn,
lass uns Woikn schaun und d´Sunn genießen.
Mach koan Schmarrn,
mia ham heid noh woa Bessers vua,
lass uns noh a moi z´samm wos dua.

Z´samm vom Dürrnbachhorn owi g´schaut,
wenn z´Sunn des Eis auf´m Weitsee auftaut.
Da Summa lacht um d'Eckn umma.
De Bienen fanga o zum summa.

Kimm stäh auf aus deinem Bett heid,
wir brauchen doch noh bissl Zeid.
Unsere Frühstück auf de Bärg worn so a Freid,
mia zwoa alloa ganz obm, ohne andre Leid.

Opa, es is noh vui zu friah,
bitte bleib heid noh bei mia.

An Ort und Stelle

Letzte Ruhestätte

Sonja Kühler

Mutterseelenallein ruht er auf der alten hölzernen Bank, das Gesicht mit den tief eingeprägten Falten der Sonne zugewandt. Lange hatte er nicht suchen müssen, bis er seine zukünftige Ruhestätte fand, hier am Kirchberger Friedhof neben der Kirche St. Petrus und Paulus, der kleinen Schwester der Baumburger Stiftskirche. Sobald er das eiserne Türl zum Friedhof öffnet, fühlt er eine wunderbare Ruhe in sich und seine Seele ist zuhause angekommen. Der atemberaubende Blick auf die Chiemgauer Berge, der an Föhntagen auch bis ins Österreichische reicht, lässt ihn immer wieder staunen und demütig werden. Nur die Mauer, die sich rings um den Friedhof und die Kirche zieht, begrenzt die stille Weite ein wenig.

In die Kirche selbst zieht es ihn bisweilen auch hinein, dort fühlt er sich wieder in seine Kindheit versetzt. Während viele Kirchen schon modernisiert sind, gibt es in Kirchberg noch einen alten Steinboden aus runden Feldsteinen. Man kann sich ganz gut vorstellen, mit welcher Mühe damals die Steine vom Acker gesammelt und dann verlegt wurden, wie viele Menschen schon mit den Schuhen den Boden blank polierten, so dass er bei feuchter Witterung schon manchen Kirchbesucher zu Fall gebracht hat.

Und dann gibt es noch die beiden dicken Seile, die verführerisch im Aufgang zur Empore hängen. Mehrere Male schon hatte er überlegt, ob er nicht, wie damals als kleiner Bub, heimlich daran ziehen sollte und damit die ganze Nachbarschaft in Unruhe versetzen würde, wenn plötzlich am helllichten Tag die Glocken läuten würden. Aber in seinen letzten Lebenstagen wollte er Ruhe und Zufriedenheit, und deshalb unterließ er auch tunlichst alles, was ihn daran hindern würde.

Als er noch besser auf den Beinen gewesen war, ging er bisweilen hinauf auf die Empore, auf den ausgetretenen Holzstufen, die sich im schmalen Treppenhaus wanden, die Hand fest am knorrigen Holzgeländer. Auf der Empore hatte er sich in die vorderste der wie in einem Kinosaal angeordneten Bankreihen gesetzt und war in Erinnerungen an die Zeit früher versunken. Wie schön hatte sie gespielt auf dem Harmonium, das, seit er denken konnte, auf der Empore ganz vorne in der Mitte seinen Platz hatte. Wie gern hatte er ihr zugesehen, wie sie mit ihren schlanken Beinen den Blasebalg getreten hatte, während ihre Finger über die Tasten gehuscht waren.

Mittlerweile ist ihm auch das nicht mehr vergönnt, seine Beine versagen immer mehr den Dienst, und er spürt das langsame Ende in seinen Knochen. Und doch fühlt er keinerlei Wehmut, sondern eine große Dankbarkeit für ein erfülltes Leben. Hier auf dem Bankerl vor der Kirche auf dem Friedhof, der seine letzte Ruhestätte werden soll.

Die gute alte Zeit?

Uta Grabmüller

Szenen aus dem Grassauer Gemeindearchiv

1
Das Odl und so anderes Waßer
1820

Auf der Straße vor der Kirche in Grassau.

Der Mesner: Ja pfui Deifi, wås lafftn då scho wieder über d'Stråß? So a Dreck, so a dreckater!

Der Hausknecht vom Wirtshaus: Des kimmt vom Pfarrhaus.

Der Mesner: Naa, des kimmt vom Wirtshaus.

Der Hausknecht vom Wirtshaus: Naa, des kimmt von Pfarrhaus. So a Sauerei vom Pfarrer Perdolth.

Der Mesner: Kimmt des ned vom Rothmoa, vom Wirt?

Der Hausknecht vom Wirtshaus: Naa, des kimmt vom Pfarrer. Des is imma scho so gwen, scho beim oidn Pfarrer, vom Hochwürden Finkenzeller.

Der Mesner: Is des wåhr?

Der Hausknecht vom Wirtshaus: I håbs doch glesn! Der Pfarrer håt doch am Burgermoasta den Brief zoagt, den wo er ans Gricht gschriebm håt! Då hoaßts: „… *das Gräbl bey des Gastwirts Rothmayrs Neubau, durch welches das Odl und so anderes Wasser auf die Straße hinaus läuft, bestunde schon zu den Zeiten des Pfarrers Finkenzeller. Daß seit dieser Zeit die Unsauberkeit dieser Straße immer gelaßen wurde, ist meine Schuld nicht. … bin sehr geneigt … mitzuwirken zu dem schönen Zweck, auch diese Straße rein und gangbar herzustellen …*“

Der Mesner: Siehgstas - der neie Pfarrer konn nix dafier. Aber er sågt, er sorgt jetzt für Sauberkeit und Ordnung.

Der Hausknecht vom Wirtshaus: Glaabst du des?

Der Mesner: Scho. Des muaß i do glaabm. I bin do der Mesner.

Der Hausknecht vom Wirtshaus: Ja, na muaßtas ja glaabm.

Quelle: Schreiben des Pfarramts Grassau an das Königl. Landgericht Traunstein vom 30.12.1820, AZ: GAG A.5.3.3.3

2

**Der Piesenhausener Nachtwächter
und der Baron von Hunoltstein**

1876

Vor dem Grassauer Bürgermeister Sebastian Moritz stehen aufgeregt drei wackere Bürger. Joseph Koenig, der Jacklbauer von Piesenhausen, Anton Kramer, der Radlbauer von da, Mathias Baumgartner, der Bader.

Sie schimpfen über den Besitzer von Schloss Niedernfels.

JK: Das muss er zahln!

AK: Ja, freilich, muss er, der feine Herr Baron!!

MB: So war's ausgmacht. Mir Bürger zahln ja aa alle!

BGM: Was seids denn so aufgregt, Manner, was ist denn los?

JK, AK, MB (im Chor, laut): Zahln muss er, der Baron!

JK: Der kost uns doch, der Nachtwächter!

AK: Ja, freilich!

MB. Er kriegt 6 Gulden und 24 Kreuzer!

JK: Und der Herr von Hunoltstein, der Schlossherr, muass aa sein Anteil zahlen!

AK: Ja, freilich!

BGM: Macht er denn sei Arbat aa ordentlich?

MB: Wer, der Baron?

BGM. Naa, der Nachtwächter!

AK: Ja, freilich! Un des scho seit zwölf Jåhr!

JK: Richtig! Sei Aufgab is, *„Muthwillige, Frevler und Ruhestörer"* vom Dorf draußd zum haltn! Und des macht er ganz brav. Da, im Protokoll habn ma alls aufgschriebn: *„Sein alltäglicher Gang ist bekannt und kann Nachweis zur Genüge geliefert werden, daß er – einmal vor Mitternacht und einmal nach Mitternacht – jede Nacht und bei jedem Wetter von Piesenhausen wegen der erhöhten Lage zuerst an das Schloß Niedernfels auf dem hinteren Wege geht und erst retour über die Mühle am Bräuhaus und Schloß vorüber seinen Rückweg zum Dorfe auf der Nordseite einschlägt".*

BGM: Aa braver Mo!

JK: Der Baron?

BGM: Naa, der Nachtwåchter! Der arbat doch aa fürn Baron!

MB: Ja, und drum soll der Baron aa zahln!

BGM: Richtig, mit dem werd' ich redn. Sonst zoang maan o, damit a Ruah is!

AK: Ja, freilich!

Quelle: Schreiben der Gemeindebevollmächtigten von Piesenhausen (Gde. Grassau) vom 25.9.1876, AZ: GAG A.1.2.2.13

3

… schwimmen die Leichen förmlich im Wasser …

1876

Der Totengräber Hias kommt an einem Juniabend 1875 von der Arbeit heim auf seinen Hof. Seine Frau, die Zenzi, schimpft ihn: Mei, du stinkst ja scho wieder a so! Wasch di draußd beim Brunn und ja ned in der Kuche!

Hias seufzt schwer. Schau, was i in der Sakristei gfundn hab, Zenzi: a Schreibm vom Grichtsarzt. Då, lies, Zenzi.

Sie sagt: I ko do ned lesn. Lies du.

Hias stöhnt wieder. Und er liest: *„Der Leichenacker in Graßau ist von sehr nasser Boden-beschaffenheit, so daß bei der Ausgrabung der normalen Tiefe eines Grabes in der Regel man auf Wasser kömmt. Nicht selten schwimmen namentlich bei Aufstauungen des Achenflusses die Leichen förmlich im Wasser…"*

Zenzi schluckt nervös: I glaab, i muaß speibm.

Hias fährt fort: Hea zua, wås no schreibm: *„Der Boden ist mit Verwesungsgasen und Zersetzungsprodukten gesättigt, sodass die Verlegung des Friedhofs aus sanitätspolizeilicher Hinsicht unabweisbares Bedürfniß ist."*

Zenzi ruft erschrocken: Mei, dees is ja furchtbar! So konnst ja du ned arbatn! Då muaß do was gschehgn!

Hias: Do wird a wås gschehgn, schau her, de miassn an neien Friedhof baun!

S'Bezirskamt verlangt dees! Då stehts, dees schreibms: „*Es ergeht deshalb … die Aufforderung über die Wahl eines passenden Platzes.*" Un de Bauern miassn Hand- und Spanndienste leistn. Huift nix. Då muass wås bassiern. Se schreibm: „*Auf Versäumung der hier vorgesetzten Fristen wird mit amtlichem Zwang vorgegangen.*"
Zenzi (beruhigt): Gott sei Dank.
Hias: Ja, Gott sei Dank.

(Es dauerte allerdings 20 Jahre, bis ein neuer Friedhof in Grassau eingeweiht wurde. Es gibt ihn bis heute, und dort sind noch Plätze frei.)

Quelle: Schreiben des Bezirksgerichtsarztes Dr. Urban und Aufforderung des Bezirksamtmanns zur Standortsuche für einen neuen Friedhof vom 20.1.1876, AZ: GAG A.4.2.1.01

4
Auswüchse beim Musikmachen
1929

Die Grassauer Musikanten Felix, Fritz, Hans und Sepp stehen beisammen vor dem Gasthof. Gleich beginnt eine Hochzeitsfeier.

Felix: Du Fritz, hat der Gendarm di a so bleed ogredt?

Fritz: Naa, warum?

Hans: Mi scho!

Sepp: Ja, warum denn?

Felix: Ja, weil mir *„Auswüchse"* verursacht ham, sågn s.

Fritz: Wåås? „Auswüchse"?

Felix: Ja, un mir soin *„religiöse Gefühle"* verletzt ham und *„ländliche Gebräuche ver-höhnt"* ham, sågt der Gendarm.

Hans: Und des bloß, weil mir gute Witz verzählt ham. Und laut Prosit gschrian.

Fritz: Und des derfn mia nimma macha?

Sepp: Naa! Der Gendarm passt auf. Und „Leidl, saufts eich zamm!" schrein deaf ma aa nimma.

Fritz: Omeiomei, dann gibt's koa Trinkgeld mehr.

Hans: Bloß no aa Musi macha deaf ma, sågt der Gendarm.

Felix: Des is fei fad.

Sepp: Hast recht. Des werd a faads Festl.

Hans: Scho. Aber schau – zweng wås san mia denn Musikanten? Mach ma halt a Musi!

Sepp: Da håst aa wieda recht. Mach ma a Musi.

Fritz: Mach maa oafach a Musi.

Felix. Is recht.

*Quelle: Schreiben des Bezirksamts Traunstein
an die Polizeibehörde Grassau vom 22.1.1929, AZ: GAG E.9.1*

Der Raucher aus Rottau

Ina May

In einem Sessel mit zwei Ohren, so heißt es, wurde Karl geboren.

Und kaum ein Wunder, dass er bei Zigaretten und Burgunder

allabendlich in rauen Mengen, die Lungen räuchert, bis sie sengen;

das Brennen hat Karl schon oft bemerkt – hat es doch den Geschmack verstärkt.

Der rote Saft schwappt hinterdrein, er wirkt belebend ungemein;

sein Arzt rät dringend zur Abstinenz, welch Gedanke, welch Pestilenz!

Wie kann er nur so grausam sein?

So sagte er doch dieser Tage, es wäre nur mehr eine Frage der Zeit, wenn nichts

mehr hilft, der Körper krank darniederliegt, besiegt vom Gift.

Nun ist die Endgültigkeit der Situation gekommen,

der Patient hat sich wohl daneben benommen.

Aber der sture Mann aus Rottau, Raucher aus Passion,

fragt da wirklich noch nach der nächsten Ration,

die er in Zukunft sich zu Gemüte führen kann, so ab und zu, so dann und wann.

Und als Karl einen Monat später in seinem Eichensarge liegt –

das Bronchialkarzinom hat obsiegt,

tut er`s ganz ohne Ohrensessel, Zigaretten und Burgunder;

kein Wunder, denn die hat man aus Platzmangel nicht mehr reingekriegt.

Sackgassen

Anni Stiegler

Sackgassen oder Sackstraßen nur von einer Seite zugänglich, für die Anlieger. In Prien oder in Aschau oder in Übersee, an vielen Orten im Chiemgau. Die Straßennamen klingen einladend. Tulpenstraße, Birkenweg, Spitzsteinstraße, Watzmannstaße oder Jennerweg. Sogar von hier aus offenbart sich die Sicht auf die nahen Berge. Wer wohnt hier? Man will repräsentieren, sich von der Masse unterscheiden. Gutsituiert ist man unter sich. Die Abgeschiedenheit, die Unabhängigkeit von der Welt, vom Nachbarn, von der Dorfgemeinschaft ist gewünscht. Niemand ist unterwegs. Begegnungen finden nicht statt. Ich werde den gleichen Weg zurückgehen müssen.

Weitgreifende und mannshohe Hecken schützen vor fremden Blicken. Elegante Architektur neben stilvoller alpenländischer Bauweise. Garagentore aus hochwertigem Holz. Auf dem Rasen verrichtet ein Roboter seinen Dienst. Ein unbebautes Grundstück, ein verwilderter Garten. Die Wiesengräser, kniehoch, lassen keine Wege erkennen. Im Boden steckende lange Stangen, die sich kreuzen und an den Spitzen einander stützen, Bohnenstangen. Sie erinnern an den Garten meiner Kindheit. Kohlköpfe, Rosenkohl, welker Lauch und Zwiebelgrün. Erntedank ist schon vorbei. Ein paar leere Holzkisten, Leiter und Hacke liegen vergessen im Gras. Eine Frau in gebückter Haltung. Sie ist älter als ich. Gerne hätte ich ihr einen guten Tag gewünscht, sie gefragt, was sie da erntet, aber sie blickt nicht auf. Es sieht aus, als würde sie die letzten Krautköpfe abschneiden.

Ein Tor schließt sich geräuschlos elektrisch. Die metallene Umzäunung ist noch nackt. Nächstes Jahr um diese Zeit wächst hier gewiss eine Thujahecke.

Transparente, halb zugezogene Vorhänge an einer monumentalen Fensterfront lassen eine luxuriöse Innenausstattung der Villa vermuten. Ein lebhaftes Fellknäuel rennt hinter der verschlossenen Terrassentüre bellend hin und her. Der kleine zottelige Hund will hinaus. Und dann ist er plötzlich im Garten, kommt direkt an den Zaun, hetzt auf gleicher Höhe neben mir her. Als Kind hatte ich einen Rauhaardackel namens Wastl. Meinen Gang ein wenig verlangsamend, beobachte ich den aufgeregten Kläffer. «Was bist du für ein süßer Hund.» Ich hätte Lust mit ihm herumzutollen. Er springt hoch, als hätte er mich verstanden, wedelt mit dem Schwanz. Bellend entfernt er sich, kommt mit einer roten Frisbeescheibe in der Schnauze zurück. Ich schaue zu, wie er hin und her saust. Wieder und wieder lässt er die Frisbeescheibe fallen. Er will mit mir spielen. «Bist du ein schlaues Kerlchen!», lobe ich ihn. «Wo ist denn dein Frauchen?» Ich habe das Bild von einer eleganten Mittvierzigerin im Kopf. Auch ein attraktives Herrchen kann ich mir vorstellen. Zu sehen ist niemand. Darf der Hund mit einer Fremden spielen? Darf ich meinen Spaß mit ihm haben? Unermüdlich saust er vor und zurück, schleudert die Frisbeescheibe in meine Richtung. «Ach, du willst apportieren!» Erneut nimmt er das Frisbee auf, rennt, lässt es fallen. Dann bringt er das Ding mit der Schnauze ganz nahe an den Zaun. Ich bin geneigt, hinüberzugreifen. Jemand könnte mich beobachten, fragen: «Was machen Sie da?» Was, wenn er beißt? Er gibt nicht auf, unternimmt den nächsten Versuch. «Bist du schlau!» Ich schiebe das Ding mit dem Fuß unter dem Zaun zurück. Der kleine Vierbeiner lässt nicht locker, knurrt, bellt und erneut landet dieses Teil nahe vor meinen Füßen. Ich schaue mich um. Niemand! Nicht im Garten, nicht hinter dem Fenster. Ich hebe das angesabberte Spielzeug auf und werfe es weit hinaus ins Grundstück. Ich könnte so weitermachen. Vielleicht gehe ich morgen noch einmal hierher.

Die Kirche von Urschalling

Der Chiemgauer Autor Sepp Obermüller besuchte mit seiner Autorenkollegin Sybille Trapp die Urschallinger Kirche. In ihren Texten laden sie die Leserinnen und Leser zu einem literarischen Besuch dieses etwas abseits von den Hauptverkehrsadern gelegenen Kleinods ein.

1

D' Urschallinga Kirch

Sepp Obermüller

Weit muaßt umananda geh,
um ebbs z'finden, des so schee
wia de Kirch vo Urschalling,
auf de i jetzt a Lobliad sing.

Sowos in da Hoamat ham
is a Glück, des derft's ma glaam.
Ois Schmuckstück is weithi bekannt
in unsam ganz Baianland.

Zwar is a weni abseits glegn,
hoch üba Prean is si zum segn.
Weit her kemman oft de Leit,
nehman si zum Oschaugn Zeit.

Wennst a ned im Cheamgau wohnst,
bsuach de Kirch, so boidst as konnst.
De Freskn san a wahre Pracht,
so frisch, ois warns erst gestern gmacht.

An Bsuach, den werst ned berein,
da Wirt danebn, der werd si gfrein,
wennst hernoch du bei eahm eikehrst,
a kloane Brotzeit dann verzehrst.

2

Das rätselhafte Fresko in der Urschallinger Kirche

Sepp Obermüller

Der Heilige Geist uns gefällt,
wenn er auf Bildern dargestellt
als Taube, so ist man's gewohnt:
Nach Urschalling ein Blick sich lohnt!

Schon im fünfzehnten Jahrhundert
entstand ein Bild, das verwundert.
Ein Fresko der Dreifaltigkeit,
rätselhaft seit jener Zeit.

Denn man weiß es nicht genau,
zeigt das Fresko eine Frau?
Heute meinen die Experten,
so soll man das Bild bewerten:

Irrig wäre doch die Meinung,
eine Frau trät' in Erscheinung,
denn für die Experten gilt:
Einen Jüngling zeigt das Bild!

Willst du selber unterscheiden,
welche Möglichkeit von beiden
für dich allein Gewissheit bringt:
Besuch das Kirchlein, unbedingt!

Rundgang durch die Kirche

Sybille Trapp

Ein sonniger Spätwintertag in Urschalling. Am Ortsrand, neben dem Gasthof „Mesner Stub'n", erhebt sich die schlichte, weißgetünchte St. Jakobus-Kirche wie eine kleine Festung. Ein barockes Zwiebeltürmchen streckt seine Haube dem wolkenlosen, blauen Himmel entgegen.

Die Mauern sowie die Rundbogenfenster der Kirche deuten darauf hin, dass diese bereits im Mittelalter erbaut wurde. Kirchenführerin Helga Schömmer erklärt, dass das Gotteshaus ursprünglich Teil einer Burganlage war, die im zwölften Jahrhundert von den Falkensteinern, den damaligen Herrschern des westlichen Chiemgaus, errichtet worden war. Geweiht wurde die Kirche dem Heiligen Jakobus, dem Schutzpatron dieses reichen Inntaler Adelsgeschlechts.

Von der Burg ist heute nur noch ein Wehrturm erhalten, der Ende des vierzehnten Jahrhunderts durch einen Mauerdurchbruch ins Innere der Kirche integriert wurde. Das einschiffige Tuffsteingebäude mit eingezogener Apsis und zwei Jochen besitzt ein Gewölbe, das von den starken Außenmauern getragen wird, was einen Umbau der Kirche erschwerte. So blieb, wie Helga Schömmer hervorhebt, die Urschallinger Kirche, die nie abgebrannt war, ohne größere architektonische Veränderungen erhalten und konnte ihren weltberühmten Bilderschatz durch die Jahrhunderte bewahren. Dieser versteckte sich seit der barocken Umgestaltung hinter mehreren Putzschichten, die erst im vorigen Jahrhundert entfernt wurden. Nach der Freilegung wurden die Bilderzyklen mehrmals restauriert. Heute zählen sie zu den am besten erhaltenen mittelalterlichen Fresken in Oberbayern. Und so erblicken die Besucher der Kirche überall an den Wänden und Gewölben biblische Gestalten und Heilige, die in warmen Erdfarben gemalt sind.

Bereits die Falkensteiner ließen in der zweiten Hälfte des zwölften Jahrhunderts die Wände des Chorjochs und die Apsis mit der Biblia pauperum ausschmücken. Diese „Armenbibel" sollte mit ihren Bilderbögen den Glauben der des Lesens unkundigen Bevölkerung stärken, erläutert unsere Führerin. Aus dieser Zeit ist nur das Fresko im nördlichen Chorraum vollständig freigelegt. Es zeigt den Sündenfall. Auffällig ist die spiegelbildliche Darstellung von Adam und Eva. Sie stehen zu beiden Seiten eines Baums, der sie einerseits voneinander trennt und andererseits durch die über ihnen hängenden Äste, die stilisierte Früchte oder Blätter tragen, miteinander verbindet. Reste der romanischen Fresken mit Adam und Eva – nun mit Schlange – zieren auch die nördliche Lettnerwand. In der Apsis ist in der untersten Ebene ebenfalls ein Fragment aus der romanischen Wandbemalung zu sehen. Es zeigt einen Vorhang.

Um 1400 – Urschalling gehörte mittlerweile zum herzoglichen Pfleggericht Wildenwart – ließen die Augustiner-Chorherren von der Herreninsel den ganzen

Innenraum des Gotteshauses mit einer neuen, zeitgemäßen Biblia pauperum ausmalen, wobei die ursprünglichen romanischen Fresken nicht entfernt, sondern ihre Motive im gotischen Stil übertüncht wurden.

In der Wölbung der Apsis zieht Christus als „Pantokrator" in einer Mandorla den Blick der Besucher auf sich. Wie bei derartigen Darstellungen des Gottessohns üblich, umgibt ein Kreuznimbus sein Haupt. Seine rechte Hand erhebt er segnend, und in der linken hält er ein Evangelienbuch, wobei er die Wundmale an seinen Händen und Füßen zeigt. Um die Mandorla herum sind die Symbole der vier Evangelisten zu sehen: Der geflügelte Löwe steht für Marcus, der Adler für Johannes, der Engel oder auch Mensch für Matthäus und der geflügelte Stier für Lukas. Unmittelbar unter der Mandorla mit dem Allherrscher sitzen die zwölf Apostel. Den Kirchenpatron Jakobus den Älteren erkennt man an seinem Pilgerstab und der Jakobsmuschel. Am Apsisbogen darüber sind in Vierpassmedaillons die fünf klugen und die fünf törichten Jungfrauen abgebildet.

Leider wurden einige Malereien bei später durchgeführten Fensterdurchbrüchen teilweise zerstört wie zum Beispiel die Verkündigungsszene an der Südwand oder ein vermutlich die Geburt Jesu darstellendes Bild auf der Nordwand. Dort ist auch die Huldigung der Heiligen Drei Könige zu sehen. Auf der Südwand des zweiten Jochs betrachten wir die Leidensgeschichte

Jesu in zehn Bildern sowie seinen Einzug in Jerusalem und die Grablegung, gegenüber die Auferstehung und Mariä Himmelfahrt.

An der Nordwand des hinteren Jochbogens blickt der Besucher in den riesigen, vom Kreuzstab Christi geöffneten Rachen eines zähnefletschenden, türkisblauen Ungeheuers, auf dessen Kopf der Teufel steht. Hier ist die Errettung der Gerechten aus dem Höllenschlund dargestellt. Christus ergreift die Hände von zwei Männern. Der mit dem Heilgenschein ist laut Helga Schömmer Johannes der Täufer, dahinter kommen Adam und Eva.

Die berühmteste und zugleich umstrittenste Malerei der Urschallinger Kirche ist das Dreifaltigkeitsfresko im Chorgewölbe. Die Heilige Dreieinigkeit wird von drei menschlichen Figuren mit Kreuznimbus und weiten, langen Gewändern verkörpert. Im unteren Teil der Abbildung verschmilzt die Trinität zu einer einzigen Gestalt. Zwischen Gottvater, einem weißhaarigen, bärtigen Greis, und dem blondbärtigen Christus lächelt uns eine hübsche junge Person mit langem hellbraunem Haar und bartlosen roten Wangen an. Ist der Heilige Geist hier als Frau abgebildet? Oder handelt es sich um einen Jüngling? Seit Freilegung der Fresken erhitzt die Deutung der mittleren Gestalt die Gemüter von Laien wie Experten, berichtet Helga Schömmer. Wollte der unbekannte Maler auf die weibliche Seite Gottes hinweisen? Oder auf Maria als Braut des Heiligen Geistes? Einige wollen in dem Faltenwurf der Gewänder sogar eine weibliche Scham und einen Phallus erkennen, gewissermaßen als Symbol für die göttliche Liebe. Verfechter der Theorie, es sei eine Frau dargestellt, berufen sich auf das Alte Testament. Dort ist die Rede von der Ruach, einer weiblichen Person, die eine geistvolle, von Gott kommende Energie symbolisiert. Die Kirchenführerin wird immer wieder mit neuen Thesen konfrontiert. Was den Freskenmaler inspirierte, wird für ewig ein Geheimnis bleiben.

Zeidlang nooch´n Cocoloco z´Hart

Elisabeth Thielemann

Schee wars oiwei bein Cocoloco z´Hart.
Woasst scho, vo wen i do vazej?
Need? Ja naacha hea ma guad zua:

Min Radl san ma gfahrn quer durch de Prärie.
Eddla Stund san ma gradlt.
Un aufamoi mitten in da Pampa
kemman ma in a gans a kloas Kaff,
des wo Hart hoassn duat
un wo se de Hoosn un Rää guat Nocht sogn!
Du glaabst as need, aba wos sägn do unsane Augn?

A Eiscafää, dees wo knoibunt is,
do wo Papagein umanandahengan
un Palmen im Wind wedln.
An Hauffa Diesch san draust un no mehra drin.

Aufn Schuidl stäät ganz grous `Cocoloco´.
„Ja, san ma mia iatzada do in da `Dom Rep´?"
Naa, mia san pfeigrod in Hart in da Naa vo Cheaming!

Eddla Katzal streicha um unsane Fiass,
Pferdl laffa umananda un mehrane Heena renna a no ummadum.
Hinten san Wiesn un a Woid, a wahrs Idyll
un mittndrin des Cafää, a richtiga Geheimtipp!
D Muse spuit Liadl aus a ana gans andan Wejd,
da Cappucino un des Eis san oafach göttle
un de Coctails no vui mehra.
Eigntli kunntat ma äwig do hocka bleim,
schood, da ma irgndwann wieda weida miassn!
Oft war ma naacha drauste beim Cocoloco
un oiwei is no mehra schee gwen.
Un aufamoi wara nimma do, da Cocoloco!
Aufgheert hoot a, da Andi mid sein Cafää.
Er wird natirle seine Gründ ghabt hom.
Aba gscheid schood is des fei scho!
Wei er war oafach ebbas gans Bsundas, da Cocoloco.
Un nia im Lebm wer ma eam vagessn!

A Zuagroasta is und bleibd hoid a Zuagroasta

Robert Xaver Gapp

Leicht hod as fei ned ghobd bei uns, da Alfred. Awa leicht hods koana, bois a zu uns an Cheamgau vo enddahoi vo da Weißwurschtgrenz kimd. Do machds aa koan Unddaschied, ob iatz oana a Hamburga, Berlina, a Württemberger Schwoob oda gor a Frank is. Und da Alfred, des is an Unddafrank, dea sein Unruhestand bei uns herundd vabringd, und dees scho seit guade fuchzen Johr.

Oogfangd hods scho in da Fruah beim Semmekaaffa. „Zwaa Weggla und a Brezl hät i gern!" „Wos meengs?", frogd de Bäckamoastarin. „Zwaa Weggla, zwaa Brödle halt, und a Brezl!" „A so" moands, „zwoa Semme und a Brezn meengs" – und duads eam mid am Schmunzln in de Düddn eine. Ja und heit no frotzlds oiwei wieda amoi: „Alfred, wos mogsd nacha heit, zwaa Weggla und a Brezl?" „Naa", moand a nacha und lachd, „heit mecht i zwaa Semmeln und a Brezn!"

A wengei irga war des Ookema bei de Stammdiischbriada. Wiara do des erscht Moi zum Wirt ganga is, do hams n grod oogschaugd, gsogd hams nix. Sie ham eam aa ned deit, daß a se zu eana an Stammdiisch hihogga soi, naa, so richtig gscheid ooweisig warns – grod daass s no a „Griaß God" aussabrochd ham. Oiso hoggd a se an Neemdiisch hi und bstäiid: „Geh Freilein, bringas ma doch a Seidla

Bier!" „Bei uns gibds grod a Maß oda a Hoiwe!", moand de Bedienung. „Nacha bringas ma halt a Halbe!"

„Wo kimsd nacha du hea, bisd ebba a Frank?" frogdn oana vo de Biadimpfen. Da Alfred hod vazäiid, wo ea heakimd und daaß a se beim Pauli eikaaffd hod. So richtig gscheid ausgfraatschld hamsn. „Mei, scho wieda oana vo deene do oom, scho wieda so a Preiß, de san ja gent amoi boid mehra wia mia Einheimischn! Do miass ma schee langsam de Brems einehaun!", hod da Sepp gmurmed. „Iatz hob de ned a so, dees san do aa Menschen – und a Gäiid bringas ja aa mid!", moand an andana.

Ganz guad hod a se ned gfuiid, da Alfred. Und wiara se nacha no an Schnitt bstäiin woidd, nacha hodn de Bedienung oogrinsd und gsogd: „An Schnitt gibds bei uns ned, dafüa bring i dia an Pfief!" Da Alfred hod grod gniggd und se dengd: „Wo bin i jetzt da glandd!", hod sein Pfief ausdrunga und is mid „A guts Nächtle" bei da Dia ausse.

Da Alfred, dees is a ganz a Sportlicha und rennd oft amoi alloa oda mid Spezl unsan Hausberg, an Houchfäiin, auffe. Weil ea a höflicha Mensch und dees a so gwohnd is, griaßd ea an jedn, dea eam unddakimd – und do waar a schier vazwei-fed. Hod a „Grüß God" gsogd, nacha is a „Griaß God" oda „Griaß de" zruggke-ma, und wia ea nacha „Griaß de" sogd, a "Servus", an andamoi a „Hawedehre". „Allmächd, do leggsd de nieda!" und hod se ebbs ganz Varreggds ausdengd. „Ha-wedehre! – Servus! – Griaß de!" hod a hinddakünftig griaßd. Und wos ham iatz de andan drauf gsogd? Naa, „Griaß God" hams ned gsogd, grod „Hai" und „Hallo" – de zwoa Preißn! Künftig hod a nacha oiwei „Servus" gsogd, da Alfred.

Inzwischn deaf a se aa an Stammdiisch hihogga und sei „Seidla" und sein „Schnitt" dringa – awa a echta Einheimischa is a no ned und weads woi aa nimma in dem Leem. A Zuagroasta bleibd hoid amoi a Zuagroasta bei uns im Dorf - dees is friaras de Arwadda vo da Maxhüttn oom a so ganga und aa de Flüchtling und Heimatvatriema noochm Kriag. Duidd hod mas hoid, awa so richtig dazuag- head – dees hams ned. A „Golddorf" hams unsa Dorf in am Fuiim amoi gnennd – awa es is hoid amoi ned oiss Goid, wos glänzd.

Mei Maxhüttn - friaras und heit

Robert Xaver Gapp

In Gedankn siehg is vor mia, de Spuiiplaatz vo unsana Kindheit: an Schmiddnbii-che, an Obstanga vom Bauernzwinge, de Gumpn vo da Weiß- und Schwarzooch, an Kramaloon, wos des Ibidumm geem hod, de Priigllaga vo de zwao Saagla a da Maxhüttn oom, dee vom Weißei und vom Gide, unsa Wirtshaus, an Eisen-hammer, mid meina Kindastuum, da Wirtsstuum, mein Hund, an Rolf, und mei Katz, de Minka. I siehg de Wirtshausbriada am Stammdiisch hogga mid iara Pfeiff, mid am Zehnalstumpn oda da Virginia im Mei, an Maßkruag davor, de Waattkarddn a da Hand und oan mid da Kreidn auf a Doofe zwoa, drei oda gor aa viare schreim, daneem an Schwamm zum Oowischn, bois as Gspuii umme is. Zünftig gehds owa, diam amoi awa scho aa a wengei grob, hi und do is s ge aa zum Raaffa. Hoggableim doans scho gern amoi, bis s nimma hoamgeh kena und nacha mid da Raadltruuch oda im Sautroog vo dene hoamgfahrn oda hoam-troong wean, dee no bessa auf de Fiaß han. De Bauan, de im Windda glei nooch da Hoiizarwadd mid iam Schliingspann zua Wirtschaft kema, hoggas mid iam Rausch aufn Schliin auffe, und s Rooß ziagd eam nacha hoam. Hoamfindn duad dees vo ganz alloanigs.

I siehg aa a gscheide Baaggaasch vo Lausdirndl und Lausbuama auf da Kiess-
traß oda im Obstanga vom Bauernzwinge spuin, barfuaß und de Buama in da
kurzn Ledahosn, siehg, wias an Goggl traatzn und de Henna bsuffa macha,
Judnstriik raacha, auf de Kerschbaam umanandakraaxln und eddla Oa ausm Hen-
nastoii graampfen, wias eana an Hennadreeg durch de Zechan durchbaatzd,
deens nacha in ana Gumpn vo da Weißooch oowewaschn und dabei glei amoi
mid da Hand den oan oda andan Fiisch undda de Stoana aussakiitzln und dee
nacha am Lagafeia broon. Und im Windda siehg es ewig lang durch de medda-
houchn Scheewaachtn vo da Schui hoamwaachen mid iam ledern Schuiiranzn am
Buggl mid da Doofe drin, wo de Hause draufgschriim und dee dahoam nimma
zum Dalesn is. A Mordsgaude hams, traatzd wead, graanggeid wead, eigsoafed
wead, und dahoam wean eana de eigfroorna Glubbal unddas eiskoide Wassa gho-
iddn. Und Aufdnoochd liengs nacha undda da mordsdrum Duggad, mid am
Hund oda ana Katz daneem, weils in da Schloofstuum bluadig koid is, und
schaung de Eisbleamen am Fensta oo, bis s ge nacha doudmiad eischlaffa, diam
amoi aa mid am kloana Graandd, weil wieda amoi da Waatschbaam umgfoin is.

Wann i heit, siebzg Johr spaada, a de Maxhüttn auffegeh, auf da iatz broadn,
teertn Straß mid de Hauffn Auto, daleeb i a ganz an andane Wäiid. Ned oiss, awa
scho ganz schee vuii is andas. Da Obstanga vom Bauernzwinge is no do, awa
daneem stehd de Doiistation vo da Hochfäiinseilbahn, da Henastoii is laar, de
oidn Kirschbaam hams umgschniin, s Wassa in da Weißooch drin is raara worn,

de mehran Gumpn han vaschwundn und mid deene de Fiisch, an Kramaloon und aa de Priigllaga gibds nimma, an Schmiddnbiiche kimsd vor laudda Gschtreiß nimma auffe. Und da Eisenhammer mid meina Kindastuum und an Stammdiisch – dees is iatz a Haus mid eddla Wohnunga. Und a bissei weida hinddn hams a Musäum eigrichdd.

De mehran Stammdiischbriada midsamd de junga Wuidn schaung iatz vo oom owa, da oa oda anda vo deene, dee no leem, wardd auf seim Baanggal vorm Haus drauf, daaß oana vorbeikimd und mid eam raatschd – am liaban vo friaras. Und wenns do vo de oidn Gschichtn vazäiin, nacha gschbannsd as, wias aufleem und wieda oana vo de Stammdiischbriada und junga Wuidn san - und i bin nacha aa wieda da kloa Lausbua in da speckign, kurzn Ledahosn. I dauch wieda ei in mei Kindheit und deng ma, dass s scho schee war seinazeit – aa wenn ned oiss schee war und mia mid weniga zfriin sei ham miassn. Mia ham no Kinda sei deaffa, s Midananda war de Hauptsach und de Schui Neemsach, und a elektronischs Kaastl hamma mia zum Spuiin ned brauchd. Unsane Spuiiplaatz, dee warn üwaroii – aa wann dees de Oidn ned oiwei grechdd war.

Mein Dornröschenschloss und andere Spielplätze

Sybille Trapp

Einhamer Höhe
unten im Waldesgestrüpp
mein Dornröschenschloss

„Erbengemeinschaft im Streit"
erklärt sachlich die Mutter

****

Bürgerwaldschanze
ihn einmal verwirklichen
den Traum vom Fliegen

üppige Schwammerlernte
am Ende der Ferien

****

Röthelbachweiher
Schlittschuhkufen verkratzen
die blanke Eisschicht

weg die scheu sich ringelnden
Nattern des letzten Sommers

****

Heimlich hinauf zum
Viadukt über die Traun
verbotener Ort

ein berühmtes Kind der Stadt
spielte schon auf den Gleisen

****

Straße durch den Fluss
Panzer pflügen das Wasser
Kinder sehen zu

welch gigantisches Spielzeug
der Höllenlärm schreckt sie nicht

****

Saukaltes Bründl
verspricht wohlige Wärme
Hydrotherapie

Griechischvokabeln in den
Empfinger Kneippanlagen

****

Versteckter Kraftort
sagenhafter Klobenstein
unser Kletterfels

unbeschwert plätschert die Traun
vorbei an Kindertagen

Wortfetzensammler

Hans Peter Kreuzer

Es werd vui gsammed auf da Woid.
Wos d`Leit ned finden, des werd bstoid.
I sammed wos, des konnst ned kaffa.
Wortfetzen sans, de zu mia laffa.

Im Woid suach i mia a staads Platzal,
Sperr auf de Ohrn – dann hear i s`scho:
„…ziags aus" – „…na ned" – „…du mei liabs Schatzal"
„…duad gwis ned waeh" – „ui ja"…"ja so".

An andermoi sitz i alloa,
neba am Steig am Hochfelln drobn.
An mia vorbei do kraxln zwoa,
da Droba werd vom Druntan gschobn.

„…"Zefix" – „…lass noch" „…geh zua" und …bschissn",
schreins hi und her ananda zua.
Wos sonst no sogn, muass i ned wissen.
Wortfetzen san für mi scho gnua.

Do mach i Versal draus und Gschichtn,
an scheena buntn Wörterstrauss,
nix zum Vazeahln, nix zum Berichtn,
grod wos zum Lacha kimmt do raus.

So ebba des! Jetzt luisds guad zua:
„Sauwedda" – „Dreckbärn" – „Äwge Ruah"
„Staad bist" – „Obacht" – „Gstingats Gschlooda"
„Petting" – „Waging" – „Hinterloda"
„Schwammal" – „Goaßbock" – „Apfekiachal"
„Zwetschgndatschi" – „Doag" und „Kriachal"
„Kimsee" – „Keamsee" – „Kampenwand"
Ja, schee is unser Bayernland.

Das Interview

Brigitte Geretschläger:

Die Chiemgau-Autorin Brigitte Geretschläger aus Kärnten in Österreich führte in einem virtuellen Raum mit den zwei Autorenkolleginnen, Rosemarie Mußner und Irmelind Klüglein aus dem Chiemgau, ein Interview. Das Tridem versuchte, Parallelen und Unterschiede der beiden Regionen herauszufinden.

Brigitte Geretschläger:
Was darf ich unter Chiemgau verstehen? Wo verlaufen die Grenzen?

Rosemarie Mußner:
Der Chiemsee bildet das Zentrum des Chiemgaus. Mit dem Landkreis Rosenheim im Westen reicht der Chiemgau bis an das Inntal heran, ohne die Inn-Gemeinden und das Wasserburger Land. Die nördliche Grenze bildet die Inn-Salzach-Region mit dem Landkreis Altötting. Im Osten gehört der Landkreis Traunstein ohne den Rupertiwinkel dazu. Im Süden sind die Chiemgauer Alpen mit Hochries, Kampenwand und Hochgern die Landesgrenze des Chiemgaus.

Brigitte Geretschläger:

Der Chiemgau ist sehr traditionell: Dirndln, Lederhosen, Volkstumsbräuche, der Dialekt und vor allem der Katholizismus unterscheiden sich sehr von den anderen Regionen. Steht ihr hinter der Tradition?

Rosemarie Mußner:

Die Tracht gilt als ein besonderes „Gwand" - traditionell geschneidert mit wertvollen Materialien. Diese wird bei besonderen Anlässen wie Hochzeit, Taufe oder Beerdigung getragen. Nicht zu vergleichen mit der Tracht auf Volksfesten oder von Touristen.

Die katholische Kirche hat die letzten Jahre viel an ihrem Einfluss innerhalb der Gesellschaft in Bayern verloren.

In der ländlichen Region wird die heimische Mundart noch mehr gepflegt. Obwohl „Bairisch" als der beliebteste unter den deutschen Dialekten zählt, ist es leider in München aus der Mode gekommen, bayerisch zu sprechen. Dialekt ist exotisch geworden.

Brigitte Geretschläger:

Diese Merkmale werden gerade von den Chiemgauern offensiv zur Schau getragen und demonstrieren einen starken Zusammenhalt. Ob beim Fußballspielen, in der Politik oder im Witz, in dem auch eine Menge Wahrheit steckt, bläst den Bayern, zu dem auch der Chiemgau gehört, zum Teil heftiger Gegenwind von den anderen Bundesländern Deutschlands entgegen. Warum?

Rosemarie Mußner:
Ich bekenne mich dazu, „kein Fußballfan" zu sein.
Politik, ob in Bayern, Deutschland oder weltweit sollte man immer mit kritischem Auge betrachten.

Brigitte Geretschläger:
Worin liegen die Stärken des Chiemgaus?

Rosemarie Mußner:
Die Chiemgauregion ist mit seiner traumhaften Landschaft an Seen und Alpen ein touristischer Anziehungspunkt und zu allen Jahreszeiten deshalb stark frequentiert. Der Tourismus ist natürlich ein wichtiger Wirtschaftsfaktor. Mit den Einschränkungen durch die Corona-Maßnahmen durfte sich die Natur- und Tierwelt vom Massentourismus erholen.

Brigitte Geretschläger:
Was würdet ihr ändern wollen im Chiemgau?

Rosemarie Mußner:

Nicht nur Großstädte kämpfen mit Wohnungsmangel. Der übermäßige Zuzug im Chiemgau führt zum Anstieg der Immobilien- und Mietpreise. Für die einheimische Bevölkerung bedeutet dies einen Mangel an bezahlbarem Wohnraum. Zugleich stehen viele Ferienhäuser und Zweitwohnungen die meiste Zeit des Jahres über leer. Wohnungen werden für Menschen gebraucht, die hier dauerhaft leben.

Brigitte Geretschläger:

Im Chiemgau leben viele Personen, die nach der Rente aus den anderen Bundesländern hierhergezogen sind. Finden sie Anschluss unter den Einheimischen?

Rosemarie Mußner:

„Auf dem Land" sind Vereine eine Möglichkeit, sich am gesellschaftlichen Leben zu beteiligen und Anschluss zu finden. Es ist fraglich, ob die „Zugezogenen" auch dazu gehören wollen.

Brigitte Geretschläger:
Wie seht ihr die Zukunft des Chiemgaus?

Rosemarie Mußner

Der Wirtschaftsfaktor „Tourismus" und die Immobilienwirtschaft spielen eine große Rolle im südostbayerischen Chiemgau.

Die Politik sollte zur Kenntnis nehmen, dass es auch viele Bürger mit beschränkten finanziellen Mitteln gibt und ihre in der Vergangenheit gemachten Versäumnisse umgehend korrigieren.

Die Autorin Irmelind Klüglein fasste die Fragen zu einem Gedicht zusammen.

Der Chiemgau, nördlich von Tirol und den Bergen ergeben

hat seinen Namen vom Chiemsee, der mittendrin gelegen.

Schon vor zweitausend Jahren

siedelten am See Kelten und Römer in großen Scharen.

Heute ziehen Menschen aus dem Norden hierher,

sie tauschen die Berge gegen ihre Städte oder das Meer.

Vor vierzig Jahren war unser Dorf nicht halb so sehr zugebaut,

und die Einheimischen haben uns Neulinge noch kritisch beschaut.

Wir gesellten uns zum Skiclub, zur Musikschule, zum Trachtenverein

und lebten uns langsam in die Dorfgemeinschaft ein.

Wir kannten einander und grüßten einen jeden,

wussten aber auch, dass alle über alle reden.

Diese Nähe, diese Intimität, verlor sich mit der Zeit.

Heute steht Haus an Haus, man kennt längst nicht mehr alle Leut.

Schuhplatteln und Blasmusik sind lebendig in einer Art innerem Kreis,

von dem so mancher Einwohner nur zu besonderen Festen etwas weiß.

Noch steht die Kirche fest im Dorf, mitten im Ort,

aber es wandelt sich die Bevölkerung und der Flächenfraß schreitet fort und fort.

Brigitte Geretschläger:

Ich muss feststellen, dass die Regionen Chiemgau und Kärnten gar nicht so weit auseinander liegen, weder geografisch noch in der Mentalität. Wir pflegen einen ähnlichen Dialekt, und wie bei euch ist der Tourismus ein wichtiger Wirtschaftsfaktor, bei dem der Chiemsee, bei uns der Wörthersee das Zentrum bildet. Viele Wohlhabende siedeln sich hier an, meistens Zweitwohnsitze. Durch die Privatisierung wird der Seezugang für die Einheimischen erschwert.

Am Land hingegen wandern die Menschen ab. Es gibt viele Leerstände. Das eigentliche Brauchtum wird dank einiger engagierter Bauern durch Motivfeste, meist kulinarischer Art, hochgehalten.

Die Kärntner sind ein fröhliches lautes Völkchen. Man glaubt, gleich Freund mit ihnen zu werden. Aber vieles ist nur Fassade, für den Tourismus.

Ich sehe die Zukunft Kärntens mit gemischten Gefühlen. Sie ist zum einen von

der politisch-wirtschaftlichen Lage abhängig, aber auch von der Flexibilität des Tourismus. Früher glaubten der Gastronom und Hotelier, von der Hochsaison im Sommer und den wenigen Wochen im Winter könne man das ganze Jahr gut leben. Das hat sich verändert. Die Leute fliegen heute günstiger in den Süden, als eine Woche in der Hauptsaison in Kärnten zu verbringen. In den Nebensaisonen muss man oftmals ein Lokal suchen, das offen hat. Dank Corona hat sich das verändert. Das Land wird wieder attraktiv. Ich hoffe, dass das so bleibt.
Vielen Dank für das Gespräch.

Kettengedicht

Wie kam es dazu? Es war ein gemeinsames Schreibprojekt unserer Mitglieder im Jahr 2022. 18 Autorinnen und Autoren durchstreiften – jede(r) für sich – real oder in ihrer Fantasie den Chiemgau und schrieben in einem Kettengedicht über das, was sie abseits vom Weg sahen, fühlten oder erlebten.

Als Vorbild galt die japanische Form des Renga oder Renshi. Das ist eine Kette aus Gedichten. Dabei handelt es sich um die Aneinanderreihung von Fünfzeilern, genannt Tankas. Ein Tanka besteht aus einer dreizeiligen Oberstrophe (Haiku) mit 5:7:5 Silben und einer zweizeiligen Unterstrophe (Matsuku) mit 7:7 Silben. Soweit die Vorgabe – ein frei verwendbares Angebot.

Wie lief das ab, das gemeinsame Dichten in Corona-Zeiten? Auf einer virtuellen Pinnwand fügten die einzelnen Autorinnen und Autoren ihre eigenen Zeilen an ein vorhergehendes Tanka an, in dem sie daraus ein Wort/einen Gedanken/ein Bild aufgriffen und auf neue Weise fortführten bzw. weiterentwickelten. Jahreszeiten und geografische Bezeichnungen kommen dabei oft ins Bild oder können erraten werden. Die Autorinnen und Autoren hatten freie Hand bei der sprachlichen Gestaltung wie zum Beispiel Groß-/Kleinschreibung, Zeichensetzung oder Satzbau, um eine möglichst große Individualität der einzelnen Beiträge zu ermöglichen.

1

Weißgrau, scharfkantig
himmelhoch sind die Felsen
Ewigkeit, brüchig

die **Chiemgauer Kalkalpen**
Zeichen uralter Kräfte

2

Das Taborkirchlein
auf dem **Hochfelln**, neu erbaut
auf alten Mauern.

Gleitschirmflieger genießen
die grenzenlose Freiheit.

3

Sommerbeleuchtung
auf schneefreien Berggipfeln
lässt Neues entstehn

von der **Schnappenkapelle**
ruft das tröstende Glöcklein

4

wo finde ich trost
allein auf der **herreninsel**
am späten abend

letzter dampfer im westen
sundowner's späte heimfahrt

5

Der Silbendampfer
stampft gegen den Dunst ostwärts
auf die Sonne zu

trägt schwer an der Erwartung
eines **Chieminger** Werktags

6

Im Dunst und Nebel
sitzen sie am Strand – ohne
Worte – auf Kieseln.

Morgens am **Schöllkopf in Prien**
wartend auf Sicht zum Segeln.

7

Oktobernebel
Botschaft der Gletscher im Wald
Bitterstein, Findling

Geheimnisvoll, wie vertraut
kalkige Spekulation

8

Der Oktober glüht
die letzten Sonnenstrahlen
im Herbst des Lebens

die **Kampenwand** im Nebel
wie wird der Winter werden?

9

Mondschatten fliehen
regennass die **Kampenwand**
Almenrausch blühen

Herbstsonne verspricht
Kuhglockengeläut am Berg

10

Blick vom Berg ins Tal
Der **Chiemsee** mal still mal wild
Wunder der Natur

Bei Föhn ein wahrer Genuss
drum für das Leben ein Muss

11

Ruhpoldings Winter
friert Schnee auf Fichtenzweige
Erregung sucht Ruh

im Liegen und Stehen wird
beim Biathlon geschossen

12

Ein Schuss bei Vollmond
am **Zinnkopf** fällt die Hirschkuh
Fichten erzittern

Nichts als Sternenstaub sind wir
aus deiner Nase fließt Blut

13

Unter der Diele
der stillen **Rabenmoosalm**
lauern Tiergeister

Willkommen! Nun schreib, du Narr!
Rote Tinte mag ich sehr.

14

Frühlingserwachen.
Am Steinbach nah am Wasser
Schlüsselblumen stehn.

Wie ein guter Hirte wacht
die **Hochries** über das Tal.

15

Roter Sonnenbrand
die Plätte schaukelt leise
Grill **Chiemsee**renke

Nonnen, Blumen, nackt baden
ein Tag an deiner Seite

16

Hochfellngipfelkreuz
umhüllt von schwarzen Wolken
trotzt Blitz und Donner.

Regen versiegt ganz leise
in der verbrannten Erde.

17

Im Licht der Sonne
schillernder Regenbogen
staunende Blicke

weite Landschaft des **Chiemgaus**
vergebliches Festhalten

18

Letzte Maisernte
Gelb des Altweibersommers
Kahlheit und Wehmut

Entblößte Gletscherwellen
Vor stoischer **Zwölferspitz**

19

nachts von **Seebruck** aus
mit Fackeln übers dicke Eis
damals im Winter

geschmolzen das Tragende
im Hauch des Klimawandels

20

Sonnenuntergang
leise Gitarrenklänge
Weißwurst und Brezeln

Fackeln leuchten am **Chiemsee**
Frühlingsbeginn gefeiert

21

Jahreszeitwechsel
Felsen, liegende Bäume
fühlbare Wärme

Sonnenlicht spiegelt die **Alz**
Schnee zu Wasser – Föhneinfluss

22

voralpiner Fluss
gezähmt der untere Lauf
Wasser kalt und klar

Mühlen, Wasserkraftwerke
die **Alz** geteilt, fließt weiter

23

Frühling am **Hochgern**
Sicht auf die weißen Gipfel
der blaue Himmel

gleißendes Sonnenlicht dringt
bis in unsere Herzen

24

Eintauchen ins Nass
und schwimmen schwimmen schwimmen
Sommervergnügen

der samtweiche **Tüttensee**
Herzenslust für Jung und Alt

25

Ewig im Wasser,
als Meerjungfrau geboren,
Weiblichkeit versteckt,

mit dem **Chiemsee** verbunden,
die Liebe nie gefunden.

26

Frei von den Pflichten,
ganz allein auf sich gestellt,
den Blick auf den Steg,

am **Ufer** alt geworden,
das Warten sieht ein Ende.

27

Rette mich, Georg!
Erstich den Drachen in mir!
Dein Gaul schnauft schwitzend

Picknick mit Weitblick und Wein
Ettendorfs Auferstehung

28

Hilfe! Nachtleben
in Gefahr! Spinner, Spanner,
Schwärmer und Eulen.

Erlebt sie im **Klaushäusl –**
für Kinder interaktiv

29

Wer abseits vom Weg
den **Chiemgau** durchstreift, erlebt
sich selbst – verändert.

Standpunkte. Wege. Ziele.
Unsere Lebenslinien.

Autorinnen und Autoren: Kurzporträts

Barbara Ammer, geboren in Neumarkt am Wallersee und dort aufgewachsen, lebt seit 25 Jahren in Traunstein. Sie schreibt Lyrik und Kurzprosa.

Karl-Heinz Austermayer lebt seit 1982 in Grabenstätt/Chiemsee und schreibt Mundartgedichte „ganz oafach über's Leb'n", mit denen er seine Leser – manchmal schmunzelnd, manchmal nachdenklich – zum Ausspruch „ja, genau so is'" anregen will.

Gudrun Bielenski, geboren in Ansbach, aufgewachsen in Franken, lebt seit 24 Jahren im Chiemgau. Neben ihren Theaterstücken und Kurzgeschichten schreibt sie auch Romane für Kinder, in denen es um Freundschaft, Mut und Vertrauen geht.

Robert Xaver Gapp, der „Bergener Gschichtlschreiber", ist ein weit über den Chiemgau hinaus bekannter Mundartautor. Seine Texte schreibt er konsequent und stimmig in der Bergener/Chiemgauer Mundart. Einige seiner Geschichten hat er auch auf Audio-CDs veröffentlicht.

Brigitte Geretschläger, geboren und aufgewachsen in England und Österreich. Zurzeit lebt sie in Marbella und Wien. Sie schreibt vor allem humoristische und gesellschaftskritische Kurzgeschichten.

Uta Grabmüller, geboren im Schwäbischen und dann weitergereist ins Hessische, Englische, Russische, Berlinische, Oberbayerische und mehr. Überall dazugelernt und manches davon in 26 Buchstaben festgehalten. Sie schreibt Lyrik, Prosa und Sachbücher. Immer neugierig.

Michael Inneberger, geboren 1968 in Bad Reichenhall, schreibt seit 1991 im Chiemgau. Kurzgeschichten sind seine Leidenschaft. Zwei Geschichten wurden in den USA übersetzt. Einige Gedichte sind zuletzt entstanden. 2008 gründete er mit einem Stammtisch die Chiemgau-Autoren.

Sonja Kühler, geboren 1975, zuhause in Nussdorf, schreibt vorwiegend autobiografische Kurzgeschichten und Blog-Beiträge über ihr Leben als Musikerin, Lehrerin und Mutter.

Armena Kühne-Enzinger, geboren in Baden bei Wien, aufgewachsen in Bayern, zuhause in Anger, schreibt vorwiegend Kurzgeschichten. Ihr Genre sind heitere, ernsthafte und sozialkritische Erzählungen.

Irmelind Klüglein, geboren und aufgewachsen in Nürnberg, lebt seit 40 Jahren im Chiemgau, erfindet als Märchenerzählerin eigene Märchen, vor allem über geschützte Pflanzen. Schrieb ein Buch: Geheimwelten im Schatten der Gier. Liebt auch Gedichtform.

Meike K.-Fehrmann, geboren in Niedersachsen, lebt seit elf Jahren in Traunstein und gehört zu den Gründungsmitgliedern des Vereins Chiemgau-Autoren e.V.. Neben Krimis und Thrillern sind von ihr ein Jugendroman und ein Kinderbuch erschienen.

Hans-Peter Kreuzer ist Autor und Verleger in Personalunion. Abwechselnd im heimatlichen Chiemgau und im südlichen Trentino schreibt der Jurist an Romanen, Kurzgeschichten und Gedichten. Er liebt die oberbairische Mundart, mit der er in München aufgewachsen ist.

Gustl Lex, Jahrgang 1954, lebt in seinem Elternhaus in Grabenstätt. Nach seinen zwei Mundart-Lyrikbänden schreibt er heute meist Kurzgeschichten in seiner Muttersprache. Zahlreiche historische Wortbeiträge machten ihn weit über seine Heimat hinaus bekannt.

Marion Liedtke, geboren in Bad Segeberg, aufgewachsen in Lübeck an der Ostsee, erwachsen geworden und mittlerweile verwachsen in München und am Chiemsee. Lässt sich für ihre Geschichten und Wortspiele am liebsten in den Bergen und am Wasser inspirieren.

Ina May ist eine Chiemgauerin, die im Allgäu geboren wurde. Sie denkt sich am liebsten schaurige Geschichten aus. Die Prise Humor darf natürlich nie fehlen. Brandneu: Schatten über Frauenchiemsee im Emons Verlag.

Rosemarie Mußner, Jahrgang 1958, geboren in Mühldorf am Inn, aufgewachsen im unteren Alztal, lebt seit langem im westlichen Chiemgau. In ihren fiktionalen Texten sind die szenischen Darstellungen im bairischen Dialekt geschrieben.

Sepp Obermüller, geboren 1946 in Prien, wo er auch noch heute lebt. Seine Interessen sind breit gefächert, und so schreibt er Gedichte über Politik, Umwelt, Philosophie und Gesellschaft, doch auch der Humor kommt nicht zu kurz.

Wolfgang Rendl, 1966 im prosaischen Ludwigshafen geboren, seit der Schulzeit starkes Bedürfnis nach Poetischem. Vielleicht ein zu aufmerksamer Beobachter, doch gerne Satire als mildernden Umstand wählend. Reisen, subversiv in diesen Zeiten, dienen oft als Impuls.

Magdalena Reupold ist in Erding geboren und wohnt seit 2014 in Stein an der Traun. Zwei Jahrzehnte begleitet sie schon Menschen in ihrer Glücksschmiede. In ihren Geschichten beschreibt sie die Sackgassen des Lebens und wie man aus ihnen zum Glück wieder herausfinden kann.

Siegward Roth, geboren in Hohensolms, aufgewachsen in Mittelhessen, wohnhaft seit 2020 in Chieming. Neben Romanen und Sachbüchern schreibt er zurzeit vorwiegend Lyrik.

Ingeborg Schmid, Volkskundlerin, Romanistin, Berg- und Talmensch. In Tirol, Ruhpolding und überall daheim, wo`s fein ist. Schreibt in Ötztaler Mundart und Standardsprache, wissenschaftlich und populär, Lyrik und Kurzprosa - und alles, was das Leben verdichtet.

Reinhold Schneider, ursprünglich Altöttinger, dann vier Jahrzehnte Berliner, Frankfurter, Münchner, seit zehn Jahren auch noch Priener, liebt es, Erlebtes in schriftliche Form zu bringen, mal lyrisch, mal prosaisch, aber immer humorig.

Josef Stadler, geboren1955 in Traunstein, wohnt und lebt dort noch immer. Seit er im Ruhestand ist, hat er angefangen, über seine vielen Reisen in alle Welt bebilderte Reiseberichte zu verfassen. 2021 erschien sein erstes Buch: „Reiseerinnerungen aus den 1970er Jahren"

Anni Stiegler schildert in ihren Kurzgeschichten bedeutsame Augenblicke im sozialen Miteinander. Nach dem unveröffentlichten Roman unter dem Titel „Rückwärts ist auch ein Weg" ist ein weiterer Roman „Töchter dürfen keine Geheimnisse haben" in Arbeit.

Elisabeth Thielemann, geboren in Altenmarkt/Alz, Kindheit in St. Georgen/Traun, ging mit 18 nach München. Aus ihren Büchern und Mundarttexten sprechen Geschichtsinteresse, Liebe zu Heimat und Menschen sowie ihr Bemühen um Heimatpflege und den Erhalt der bayerischen Sprache.

Sybille Trapp, aufgewachsen in Traunstein, wohnt in München. Fünfzehn Jahre lebte sie in Italien und Norwegen. Eine wichtige Inspirationsquelle für ihre Gedichte und Kurzgeschichten sind Erlebnisse in diesen Ländern, die sie abseits der Touristenpfade kennenlernte.

Peter Witt, geboren 1951, aufgewachsen im Chiemgau, lebt in Obing. Erst im Ruhestand hat er zu schreiben begonnen. Aktuelle Erlebnisse und die Auseinandersetzung mit neuerer deutscher Literatur liefern ihm die Themen für seine Kurzgeschichten.

Josef Wittmann, geboren 1950 in München, lebt seit 1977 in Tittmoning. Neun Lyrikbände, die meisten in bairischer Sprache. Beiträge in Anthologien und Literaturzeitschriften, Theaterstücke, Hörfunk- und Fernsehbeiträge, Buchillustrationen, Übersetzungen.

Register der Autorinnen und Autoren

Danksagung

Schriftststellernde Menschen sind in der Regel Individualisten, liefern sie sich doch wochen- oder monatelang ihrem Thema und dessen Gestaltung aus, brauchen in der Tat meist auch eine solche Isoliertheit, um mit Strukturierung und Formulierung ihres Stoffs zurechtzukommen.

Umso positiver ist es zu bewerten, dass sich in den gemeinsamen Schreibprojekten des Vereins der Chiemgau-Autoren immer wieder Schreibende zu *einem* Thema, zu *einem* Projekt zusammenfinden und dieses in ein gemeinsames Ergebnis münden lassen. Auch am Schreibprojekt des Jahres 2022 haben sich wieder viele Mitglieder mit einem Beitrag oder mehreren Beiträgen beteiligt.

Um die Texte zu veröffentlichen, braucht es zudem kompetente und zuverlässige Personen, die sich um die Organisation des Schreibprojekts kümmern, die Texte sauber für den Druck vorbereiten, Termine beachten und die ganze Sache im Auge behalten. Wir schaffen das alles aus eigenen Kräften!

Als Vorsitzende des Vereins möchte ich im Namen der Vorstandschaft allen Beteiligten herzlichen Dank sagen, insbesondere

allen Autorinnen und Autoren, die ihre Texte speziell für diese Veröffentlichung geschrieben und zur Verfügung gestellt haben, dem „Kernteam" mit Reinhold Schneider, Sybille Trapp und Martin Trautwein, das zum Jahresbeginn wegweisend „die Weichen gestellt" hat,

Reinhold Schneider für das Projektmanagement und die Erstellung der Druckvorlage,

Brigitte Geretschläger für die Redaktion aller Textbeiträge und für die Kommunikation mit den Autorinnen und Autoren,

Sybille Trapp für die weitere redaktionelle Betreuung, die Strukturierung der Texte sowie für die konzeptionelle Begleitung des Projekts über all seine Phasen hinweg

und allen Vereinsmitgliedern, die das Projekt mit Ideen bereicherten und mit Interesse begleiteten.

Wir machten bei unserer Arbeit eine Erfahrung, die wir auch unseren Leser/inne/n wünschen: mit Neugier und Aufmerksamkeit den Chiemgau zu erleben, auch abseits vom Weg. Es lohnt sich. Immer wieder.

Uta Grabmüller, 1. Vorsitzende